Brigitte Chevalier

Effektiv lesen

Lesekapazität und
Textverständnis erhöhen

eichborn.exakt

Die Autorin
Brigitte Chevalier ist Dozentin für
Kommunikationswissenschaften
an der Université de Paris VIII.

Die französische Originalausgabe erschien 1992 unter dem Titel:
Lecture et prise de notes
Gestion mentale et acquisition de méthodes de travail
bei Éditions Nathan, Paris.
Copyright © Éditions Nathan, Paris, 1992.
Alle Rechte vorbehalten.

Die Deutsche Bibliothek – CIP-Einheitsaufnahme

Chevalier, Brigitte:
Effektiv lesen / Brigitte Chevalier. – Frankfurt am Main : Eichborn,
2002 (Eichborn exakt)
ISBN 3-8218-3840-X

© für die deutsche Ausgabe:
Eichborn AG, Frankfurt am Main, Juni 2002
Reihenkonzeption: Christina Hucke (Umschlag),
Petra Wagner (Layout)
Lektorat: Barbara Rumpf
Satz: twinbooks, München (CN Satzstudio)
Druck und Bindung: Clausen & Bosse, Leck
ISBN 3-8218-3840-X

Verlagsverzeichnis schickt gern:
Eichborn Verlag, Kaiserstraße 66, 60329 Frankfurt am Main
www.eichborn.de

INHALT

VORWORT

Zahlreiche Untersuchungen, die in verschiedenen Ländern durchgeführt wurden, zeigen deutlich, dass der Erfolg an der Universität unmittelbar von den angewandten Arbeitsmethoden abhängt: Die Studenten mit den besten Ergebnissen sind die, die verschiedenartige, effiziente Techniken einsetzen.

Welchen Weg schlägt dieses Buch vor?
Eine allgemein gültige Zauberformel für die richtige »Denkarbeit«, die für jeden passt, gibt es nicht. Das Herausfinden der richtigen Methode beginnt mit der Selbsterkenntnis. Daher schlägt dieses Buch folgende Vorgehensweise vor: Bevor Sie Informationen über das Gedächtnis, das Zuhören oder den Aufbau eines Textes erhalten, bevor das Buch Ihnen zeigt, wie Sie die vorgeschlagenen Methoden anwenden, führt es Sie im *Baustein Einführung* zur Entdeckung Ihrer »Gehirnverwaltung«, zu der Erkenntnis, wie Ihr Gehirn eigentlich funktioniert.

Wenn Sie mit Hilfe des Tests auf Seite 6 Ihren bevorzugten Lernstil herausgefunden haben, können Sie jedes Kapitel auf die Art angehen, die Ihnen am besten entspricht: entweder durch Lesen des Textes oder durch Lesen der Schemata, die sich jeweils am Ende eines Kapitels befinden. Anschließend können Sie auch die umgekehrte Reihenfolge probieren. Durch dieses Vorgehen testen Sie nicht nur neue Arbeitsstrategien, sondern das Wissen wird gleichzeitig gefestigt.

Ich wünsche Ihnen mit diesem Handbuch viel Erfolg!

Brigitte Chevalier

BAUSTEIN EINFÜHRUNG:
WER SICH SELBST BESSER KENNT, KANN
LEICHTER STUDIEREN

Sie befinden sich mitten im Studium. Daher beginnt das folgende Kapitel, das die Grundlage dieses Buches darstellt, mit einem Test, der es Ihnen ermöglicht, *Ihre* spezielle Art und Weise zu denken herauszufinden. Wenn Sie dann die Funktionsweise des Gehirns kennen gelernt haben, werden Sie in der Lage sein, Ihre *Fähigkeiten besser auszuschöpfen* und dadurch zum Erfolg Ihres Studiums beizutragen.

Test: Welche Gehirnhälfte dominiert bei Ihnen?

Kreisen Sie Ihre Antwort ein oder notieren Sie auf einem Extrablatt: a oder b?

1. Wenn Sie jemanden nach dem Weg fragen, ist es Ihnen lieber,
    a. dass derjenige Ihnen einen Plan macht
    b. dass derjenige Ihnen den Weg erklärt (wie etwa »2. links«)?

2. Wenn Sie jemanden kennen gelernt haben, erinnern Sie sich eher an
    a. sein Gesicht
    b. seinen Namen?

3. Denken Sie an ein Ereignis, das Sie beeindruckt hat. Was ist Ihnen auf Anhieb in den Sinn gekommen?
   a. Orte, Personen
   b. Sie haben Worte wiedergehört, die klangliche Umgebung erinnert.

4. Wenn Sie einen Aufsatz oder einReferat vorbereiten, wie gehen Sie bei der Sammlung von Ideen vor?
   a. Sie lassen die Ideen einfach kommen, ungeordnet.
   b. Sie erforschen systematisch alle möglichen Wege.

5. Wenn Sie im Kopf 54 + 17 ausrechnen, liegt es Ihnen eher,
   a. sich die Zahlen im Kopf so vorzustellen, als wenn Sie die Rechenoperation schriftlich durchführen würden
   b. die Zahlen (laut oder leise) vor sich hin zu sprechen: »4+7= 11, 1 im Sinn«?

6. Was bevorzugen Sie?
   a. Geisteswissenschaften
   b. Naturwissenschaften

7. Was bevorzugen Sie?
   a. Geographie
   b. Geschichte

8. Liegt Ihnen in Mathematik mehr
   a. die Geometrie
   b. die Algebra?

9. Wenn Sie die Rechtschreibung eines Wortes lernen,
   a. fotografieren Sie sie geistig
   b. buchstabieren Sie oder sprechen Sie das Wort aus (laut oder leise)?

10. Wenn Sie verreisen,
    a. fahren Sie eher aufs Geratewohl drauflos
    b. bereiten Sie einen minutiösen Fahrplan vor?

11. Im Kino setzen Sie sich eher
    a. leicht links zur Leinwand
    b. leicht rechts zur Leinwand?

Auswertung des Tests

Rechnen Sie die **a**-Antworten und die **b**-Antworten zusammen. Wenn die **a**-Antworten überwiegen, ist Ihr Gehirn von der rechten Gehirnhälfte beherrscht (Seite 128), wenn die **b**-Antworten überwiegen, ist es die linke Gehirnhälfte. Diese Tendenz ist mehr oder weniger stark ausgeprägt je nach der Anzahl der **a**- und **b**-Antworten. Im Verlauf des ganzen Buches finden Sie immer wieder Hinweise, die es Ihnen ermöglichen, die Lernmethode auf Ihre Persönlichkeit abzustimmen. Sie werden lernen, Ihre bevorzugte Gehirnhälfte voll zu nutzen und auch der anderen zur Entfaltung zu verhelfen.

Die eher »Rechtshirnig«-Orientierten können sich von Anfang an an die Mind-Maps am Ende einiger Kapitel halten. Wir werden noch sehen, welche Bedeutung das für sie hat.

Bleibt das Gehirn eine »Blackbox«?

Über lange Zeit waren die Möglichkeiten, das Gehirn zu verstehen, sehr eingeschränkt: Auf der einen Seite untersuchten Biologen und Mediziner durch Sezieren den stofflichen Aufbau, auf der anderen Seite die Psychologen den geistigen Aspekt, niemand konnte jedoch in das Innere vordringen.

Erst Ende des 19. Jahrhunderts wurden die verschiedenen Zonen des Gehirns entdeckt. 1865 stellte Paul Broca fest – er operierte verletzte Personen –, dass Verletzungen an der rechten Gehirnhälfte fast immer Sprachschädigungen hervorriefen, während Verletzungen an der linken Gehirnhälfte Schwierigkeiten bei der räumlichen Orientierung nach sich zogen. So war die These geboren, dass die beiden Gehirnhälften nicht die gleichen Funktionen haben.

Die neue Disziplin der Neuropsychologie bildet die Verbindung zwischen der Neurologie, die sich um die lebende Materie kümmert, und der Psychologie, der Geisteswissenschaft.

Seit 1970 hat die Hirnforschung einen spektakulären Sprung nach vorn gemacht: Innerhalb von etwas mehr als 20 Jahren haben wir über die Funktionen des Gehirns mehr gelernt als in den 2 000 Jahren davor.

Die Einführung neuer Techniken ermöglichte es, die einzelnen Zonen des Gehirns in ihrer Aktivität zu beobachten: In der »Blackbox« ist es hell geworden. Der Beitrag der Neuro-Wissenschaften zur Grundlagenforschung der geistigen Arbeit ist nicht hoch genug einzuschätzen, und wir werden viele der Anwendungsbereiche kennen lernen.

Was versteht man unter Reptilienhirn, limbischem Hirn, Kortex?

Im Lauf der Entwicklung des Menschen sind nach Paul D. MacLean drei Gehirnarten entstanden. Das älteste Hirn ist das **Reptilienhirn**. Hierbei handelt es sich um das Hirn der niederen Wirbeltiere (Fische, Echsen), dessen Grundfunktion darin besteht, das *Überleben* des Einzelwesens und der Art zu sichern. Es steuert die Grundbedürfnisse (Hunger, Durst, Schlaf, Sexualtrieb) und den Instinkt zur Verteidigung (Flucht, Kampf) und reagiert nur auf Stimulus und Respons (Reiz und Reaktion). Es ist nicht lernfähig.

Alle instinktiven Handlungen gehen auf das Reptilienhirn zurück: Daumenlutschen, Nasenbohren, Nägelkauen, den Arm zum Schutz heben. Auch in manchen Gewohnheiten, wie etwa sich immer auf denselben Platz setzen, findet man dieses Gehirn wieder.

Das **limbische Hirn** (vom lat. Limbus = Rand), manchmal auch als limbisches System bezeichnet, umschließt das Reptilienhirn. Es ist so groß wie ein kleiner Apfel und ist das Gehirn, das dem der Säugetiere wie Kühe, Affen, Delfine am nächsten ist. Hier ist das *Gefühlsleben* angesiedelt, und da es allzu leicht von Gefühlen beeinflusst wird, kann es sich der Logik gänzlich verschließen. Wenn Sie weiß vor Angst, rotwangig vor Freude oder rot vor Wut sind, ist Ihr limbisches System aktiv.

Seine wichtigste Funktion ist, Informationen über empfundene Gefühle zu filtern. Taucht eine neue Information auf, vergleicht es diese mit den bereits gespeicherten Informationen. Wenn dieser Vergleich angenehme Erinnerungen weckt, gibt es die Information an den Kortex weiter, der dann wiederum die beste Entscheidung für eine Reaktion trifft. Sie haben beispielsweise ein Referat gemacht, für das Ihnen Anerkennung und Lob ausgesprochen wurde. Danach sind Sie gerne bereit, eine ähnliche Arbeit erneut anzufertigen.

Hat der Vergleich dagegen negative Erinnerungen aufleben lassen, geht das limbische System in Verteidigungsstellung und kann sogar das Passieren der Information verhindern. Dem Kortex bleibt so unter Umständen die Information vorenthalten.

Wenn der Vergleich kein besonderes Gefühl auslöst, lässt das limbische System die Information passieren, aktiviert den Kortex jedoch nicht eigens, beispielsweise bei Situationen des täglichen Lebens.

Dieses Hirn ist uns in dem Maße nützlich, als es unser psychisches und physisches Gleichgewicht aufrechterhält. Es reagiert nach fertigen Schemata. Standardisiertes Verhalten ist zwar oft notwendig, schränkt aber auch sehr ein. Wenn also die standardisierte Reaktion immer bevorzugt wird, handelt das Individuum immer auf die gleiche Weise; es kann sich so nicht weiterentwickeln und Neues entdecken.

»Gebranntes Kind scheut das Feuer«, dieses Sprichwort entspricht genau der Funktionsweise des limbischen Systems.

Der **Kortex**, auch Großhirnrinde genannt, hat sich als letzter Teil entwickelt und unterscheidet uns von den übrigen Säugetieren. Von Größe und Funktion her ist er das wichtigste Hirn. Ihm verdanken wir, dass wir sprechen, analysieren, kombinieren, argumentieren, Strategien verfolgen und Entscheidungen treffen können (und nicht nur stereotyp reagieren).

Im Gegensatz zu den beiden vorher genannten Gehirnarten ermöglicht es der Kortex, in einer bestimmten Situation individuell und frei von Stereotypen zu reagieren. Er ist in der Lage, sich weiterzuentwickeln, Irrtümer zu korrigieren, sich anzupassen und Fortschritte zu machen.

Die drei Stufen des Gehirns sind nicht getrennt voneinander, sondern übereinander gelagert.

Haben die linke und die rechte Gehirnhälfte wirklich unterschiedliche Funktionen?

Das Gehirn ist, ähnlich einer Walnuss, in zwei Teile unterteilt, die beide – wie zahlreiche Untersuchungen von Prof. R.W. Sperry, Kalifornien, gezeigt haben – ihre Eigenarten haben. Einige Studien sind vorsichtiger bei der räumlichen Zuordnung der Gehirnfunktionen, was aber für unsere Betrachtung keine

Rolle spielt. In jedem Menschen sind Fähigkeiten vorhanden, die der rechten oder der linken Gehirnhälfte zugeordnet werden können. Unser Anliegen ist es, aus den vorhandenen Ressourcen den besten Nutzen zu ziehen.

Die **linke Gehirnhälfte**, auch linke Hemisphäre genannt, ist der Sitz der Sprache. Sie ermöglicht es uns, eine Person zu beschreiben, ein Ding bei seinem Namen zu nennen oder eine Situation mit Worten zu beschreiben.

Sie ist der Bereich der Analyse, des linearen Vorgehens, Schritt für Schritt. Um die Informationen zu verstehen, prüft diese Gehirnhälfte genau eine nach der anderen. Sie geht schrittweise vor, wodurch die Zeit für sie zu einem wichtigen Faktor wird.

Sie ist auch der Sitz der Logik, des klaren Denkens. Die linke Gehirnhälfte stützt sich auf Fakten, die sie analysiert, bevor sie ihre Schlüsse zieht: Sie leitet ab.

Dadurch fühlt sich die linke Gehirnhälfte sehr wohl in naturwissenschaftlichen Gebieten, in denen Sprache und Logik wichtig sind (etwa Mathematik oder Physik).

Die **rechte Gehirnhälfte**, auch rechte Hemisphäre genannt, ist die Heimat der Bilder, des Raumes. Die Worte sind für sie von geringerer Bedeutung, und sie zieht eine schöne Skizze einer langen Erklärung vor.

Sie ist der Bereich der Synthese, der umfassenden Gesamtschau. Während die linke Seite die einzelnen Teile trennt, kombiniert die rechte die Elemente miteinander, um ein Ganzes zu schaffen. Die Art, wie sie erfasst, ist global. Anstatt der Unterschiede betrachtet sie die Gemeinsamkeiten, die Verbindungen, die Assoziationen, und baut daraus Strukturen.

Die linke Gehirnhälfte ist logisch und macht eine Sache nach der anderen, die rechte Gehirnhälfte dagegen reagiert analog und bearbeitet mehrere Informationen gleichzeitig; sie ist der Bereich der Intuition, der Kreativität, der Fantasie und der Emotion.

Daher zieht die rechte Gehirnhälfte die geisteswissenschaftlichen und künstlerischen Gebiete wie Literatur und Kunst den Naturwissenschaften vor.

Die linke Körperhälfte des Menschen wird von der rechten Gehirnhälfte dominiert und die rechte von der linken Hemisphäre. Beim Sehen schickt jedes Auge die Information an beide Hemisphären. Die linke Hälfte des Gesichtsfeldes wird normalerweise von der rechten Hemisphäre gesehen, die rechte von der linken. Die folgende Tabelle zeigt, wie die rechte und linke Gehirnhälfte arbeiten.

Linke Gehirnhälfte (oder linke Hemisphäre)	Rechte Gehirnhälfte (oder rechte Hemisphäre)
auditiv	visuell
analytisch	zusammenfassend
rational	intuitiv
logisch	analog
linear	global
zeitlich	räumlich
schrittweise	gleichzeitig
ist empfänglich für Unterschiede	ist empfänglich für Ähnliches

Spezialisierung ist nicht gleichbedeutend mit Trennung. Der »Balken«, der die Hirnhälften miteinander verbindet, erlaubt ihnen zu kommunizieren. Immer wenn eine Aktion erfolgreich ist, haben die beiden zusammengearbeitet. Beide, rechte und linke Hälfte, sind notwendig, um effektiv zu denken.

Generell ist bei jedem Individuum eine Hälfte dominant: entweder rechts oder links. Diese Dominanz kann sowohl angeboren als auch durch Erfahrung und Umwelt bedingt sein (Bildung, Lernen).

Die psychologischen Unterschiede zwischen Individuen lassen sich großenteils durch die Art der Hirnfunktionen erklären, aber jeder Mensch verfügt über beide Arten, eine Information zu verarbeiten; sie sind unterschiedlich, ergänzen sich jedoch:
- die lineare, analytische Art, die mit Worten arbeitet und
- die globale, räumliche Art, die mit Bildern und Strukturen arbeitet.

Allerdings muss man mit beiden Hemisphären arbeiten, also sie anregen, um sie zu ihrer vollen Funktionsfähigkeit zu bringen. Beim Lernen folgt die Information einem bestimmten Verlauf der Neuronen, der Zellen des Gehirns. Damit sich dieser Verlauf einprägt – eine Struktur wird geschaffen –, sind Wiederholungen notwendig. Die am häufigsten benutzten Wege stabilisieren sich, die anderen verschwinden wieder. Darin liegt eine Gefahr.

Wenn etwa durch Vorliebe oder Notwendigkeit in einer bestimmten Situation das linke Gehirn und nicht das rechte benutzt wurde, neigen wir aus Sicherheitsgründen dazu, in ähnlichen Situationen wieder das linke anzusprechen (das limbische System natürlich). Und wenn es dann an dem nötigen Reiz fehlt, wird die rechte Hälfte einen Teil ihrer Fähigkeiten einbüßen. Wie ein Feld, das nicht bestellt wird, wieder zu Brachland wird, wird der erlernte Weg wieder verwischt.

Das Schulsystem fördert insbesondere den linearen und analytischen Ansatz. Die wissenschaftlichen Disziplinen werden wichtiger genommen als literarische, die künstlerischen Fächer hintangestellt. Dadurch wird die linke Gehirnhälfte viel häufiger aktiviert, während die rechte vor sich hin schlummert. Wenn es dann aber einmal darum geht, eine Zusammenfassung zu machen, Ideen für eine Dissertation zu sammeln, oder ganz allgemein dann, wenn die rechte Hälfte gefordert ist, wird es schwierig.

Welche praktischen Konsequenzen kann man aus den neuen Erkenntnissen ziehen?

Diese Frage werden wir im Verlauf der einzelnen Kapitel und der Themen, die sie behandeln, beantworten. Jetzt wollen wir zunächst die generellen Konsequenzen für die Art, wie Sie studieren sollten, beleuchten.

Nutzen Sie die Komplexität Ihres Gehirns
Gehen Sie von Ihrer bevorzugten Seite aus. Zu Beginn dieses Bausteins haben Sie einen Test gemacht, aus dem Sie Ihre bevorzugte Gehirnhälfte erkennen konnten: entweder rechts oder links. Es ist wichtig, Ihre stärkere Seite zu kennen, um vorrangig die bevorzugte Seite in Gang zu setzen, wenn Sie etwa auf einen neuen Begriff stoßen, insbesondere wenn Ihnen dieser Begriff schwierig erscheint.
Wenn Sie die **linke** Seite bevorzugen, brauchen Sie, um eine Information aufzunehmen, Worte. Wenn Sie also etwas Geschriebenes haben, beschreiben Sie es, kommentieren Sie es.
Einprägen und Erinnern von Informationen geschehen auditiv durch geistiges Wiederaufsagen des Inhaltes etwa einer Vorlesung.
So sollten Sie, bevor Sie versuchen, ein Problem zu lösen oder einen Lehrsatz zu verstehen, ihn erst einmal beschreiben und darüber sprechen.
Wenn Ihre Stärke eher die **rechte** Seite ist, brauchen Sie eine bildliche Darstellung der Informationen, um zu verstehen und zu behalten. Zeichnungen, Schaubilder, Skizzen oder Karten sind Ihnen eine beachtliche Hilfe. Ebenso sind für Sie die räumliche Anordnung des Textes, seine Typografie, die Farben von vorrangiger Bedeutung. Einprägen und Erinnern von Informationen geschehen durch bildliches Sich-Vorstellen, durch Vor-

augenführen von Inhalten. Verwandeln Sie daher immer die Informationen in eine Form, die visuell erfasst werden kann.

Sie können auch zu Metaphern greifen, zu geistigen Bildern oder zu Vergleichen: »Das sieht aus wie ...«, »das erinnert mich an ...«. Zum Beispiel: »Lernen ist wie ein Fernsehapparat: Er kann das Programm auf mehreren Kanälen empfangen, bevorzugt wird jedoch meist einer.«

Sie verstehen jetzt, warum ich einen zweifachen Einstieg in dieses Buch gewählt habe: die Sprache der Wörter für die von der linken, eher auditiven Gehirnhälfte dominierten Personen, die Sprache der Bilder für die von der rechten, eher visuellen Gehirnhälfte gesteuerten Menschen.

Um einen komplexen Sachverhalt zu erfassen, ist es wichtig, die dominante Hirnhälfte zu aktivieren. Ebenso wichtig ist es aber auch, die in den Hintergrund getretene Hemisphäre systematisch zu trainieren.

Es wurde bewiesen, dass die Wege, eine Information zu erfassen, umso zahlreicher sind, je solider der Erwerb von Wissen erfolgte. Im Moment des Erinnerns verfügen Sie über mehrere Möglichkeiten, die Information wieder zu finden: Einmal ist es ein Bild, das Ihnen plötzlich ins Auge springt, ein anderes Mal ein Wort oder ein Satz.

Wie dem auch sei, wenn man beide Gehirnhälften einsetzt, wird man neue Wege und Möglichkeiten entdecken und so sein intellektuelles Potenzial voll ausschöpfen und sich entfalten lassen können.

Wie kann man das Gehirn in seiner Gesamtheit einsetzen?

Nehmen wir zum Beispiel das Nacharbeiten eines Kurses oder einer Vorlesung. Denken Sie daran, abwechselnd im Geiste mit Worten und mit Bildern zu wiederholen, im steten Wechsel zwischen rechter und linker Gehirnhälfte. Sie haben ein Schaubild vorliegen, Sie sehen es an und fassen es dann in Worte: Kommentieren Sie es, schreiben Sie einen kurzen Satz, der den Inhalt zusammenfasst.

Sie haben einen Text vor sich? Wenn Sie ihn gelesen haben, setzen Sie ihn nun in ein Schaubild um, visualisieren Sie ihn. Wenn Sie ein neues Wort entdecken, schließen Sie die Augen und lassen Sie es vor Ihrem inneren Auge wieder auftauchen, buchstabieren Sie es und sprechen Sie es aus.

Im täglichen Leben mobilisieren Sie gleichzeitig die rechte und linke Gehirnhälfte:

Ist Ihr Leben organisiert, planen Sie? Behalten Sie diese Eigenschaften, aber lassen Sie manchmal Ihrer Fantasie freien Lauf, gehen Sie aufs Geratewohl los, machen Sie Ungewöhnliches.

Sie sind erfinderisch, kreativ? Behalten Sie auch diese Eigenschaften bei, aber stellen Sie auch einmal einen Arbeitsplan auf, ordnen Sie Ihre Papiere, schreiben Sie, statt zu telefonieren.

Zusammenfassung

➤ Die linke Hemisphäre ermöglicht Verstehen und Behalten durch den auditiven Sinn. Die Informationen werden mit Hilfe von Worten verwaltet.

➤ Die rechte Hemisphäre ermöglicht Verstehen und Behalten durch das Sehen: Die Informationen werden visuell verwaltet.

➤ Nach jedem Lesen für Ihr Studium legen Sie eine Zeit des geistigen, auditiven oder visuellen Wiederholens ein.

➤ Benutzen Sie die linke und die rechte Hemisphäre: Sie werden Ihre Chancen des Verstehens und Behaltens vervielfachen.

➤ Je mehr man lernt, umso mehr kann man lernen. Das Phänomen ist kumulativ und exponentiell. Seine Wirkung entfaltet sich und dehnt sich weiter aus.

> ➤ Das limbische Gehirn registriert und vergleicht: Misserfolg zieht Misserfolg nach sich, ein Erfolg bringt einen weiteren mit sich.
>
> ➤ Lernen kann nur durch Wiederholung und praktische Anwendung erfolgen.

Trainingsaufgaben

Ziel: Die Ausführungen dieses Kapitels verinnerlichen, um sich besser kennen zu lernen.

Übung 1

Falsch oder richtig? Kreuzen Sie an .

	falsch	richtig
1. Der Kortex ist das jüngste Gehirn	☐	☐
2. Das limbische Hirn kann das Denken blockieren	☐	☐
3. Seinen Namen in einen Baum schnitzen ist Ausdruck des Kortex	☐	☐
4. Das limbische Gehirn kann ein Hemmschuh beim Aneignen neuer Methoden sein	☐	☐
5. Lampenfieber kann dank des Kortex überwunden werden	☐	☐
6. Wenn Sie durch die rosarote Brille schauen, mischt der Kortex mit	☐	☐
7. Reflexe werden durch das Reptilienhirn gelenkt	☐	☐
8. Dem Kortex verdanken wir, dass wir sprechen	☐	☐

Zahl der richtigen Antworten: ....

Übung 2

In welcher Gehirnhälfte sind die nachfolgenden zwölf Begriffe angesiedelt? Kreuzen Sie das Ihrer Antwort entsprechende Kästchen an.

linke / rechte
Gehirnhälfte

1. geordnet		
2. intuitiv		
3. die charakteristischen Merkmale unterscheiden		
4. die Information neutral aufnehmen		
5. ästhetisches Empfinden		
6. genau		
7. Gefühle empfangen		
8. auditiv		
9. Schritt für Schritt vorgehen		
10. visuell		
11. methodisch		
12. deduktiv		

Zahl der richtigen Antworten: ....

Übung 3

Suchen Sie möglichst viele Metaphern.

1. Wenn das Reptilienhirn ein Ding wäre, wäre es ....

2. Wenn das Reptilienhirn eine Person wäre, wäre es ....

3. Wenn das limbische Hirn ein Ding wäre, wäre es ....

4. Wenn das limbische Hirn ein Tier wäre, wäre es ....

5. Wenn das limbische Hirn eine Person wäre, wäre es ....

6. Wenn die linke Gehirnhälfte ein Ding wäre, wäre sie ....

7. Wenn die linke Gehirnhälfte ein Beruf wäre, wäre sie ....

8. Wenn die linke Gehirnhälfte ein bekannter Detektiv wäre, wäre sie ....

9. Wenn die rechte Gehirnhälfte ein Ding wäre, wäre sie ....

10. Wenn die rechte Gehirnhälfte ein Beruf wäre, wäre sie ....

11. Wenn die rechte Gehirnhälfte ein bekannter Detektiv wäre, wäre sie ....

Übung 4

Bitten Sie jemanden, Ihnen 20 einzelne Wörter vorzulesen. Schreiben Sie die auf, die Sie behalten haben.

Lesen Sie selbst 20 andere Wörter. Schreiben Sie wiederum auf, welche Sie behalten haben. Wenn die Anzahl im ersten Fall größer ist, sind Sie zweifellos ein auditiver Typ (linke Gehirnhälfte); wenn die Anzahl im zweiten Fall größer ist, sind Sie eher ein visueller Typ (rechte Gehirnhälfte). Stimmt das mit dem überein, was Sie anfangs im Test festgestellt haben?

Der Baustein als Schema

Schema 1: Das limbische Gehirn

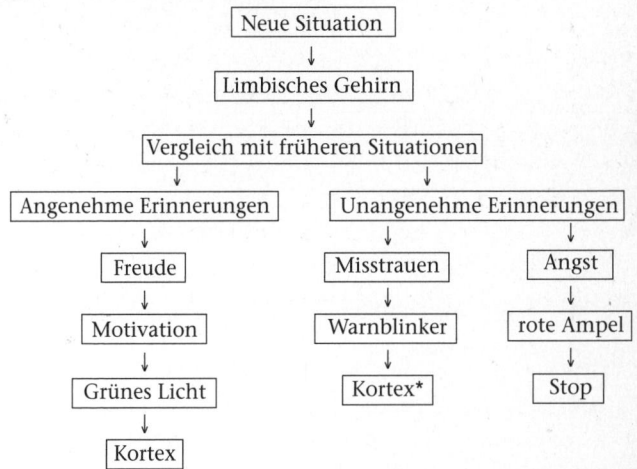

* Der Übergang zum Kortex wird erfolgen, wenn Sie die Blockaden beseitigen. Auf jeden Fall, auch bei roter Ampel, sind Sie Herr der Lage, aber Sie müssen eine voluntaristische Haltung haben, um Ihre Entscheidung durchzusetzen. Kein Defätismus!

Schema 2: Die Bedingungen des Erfolges

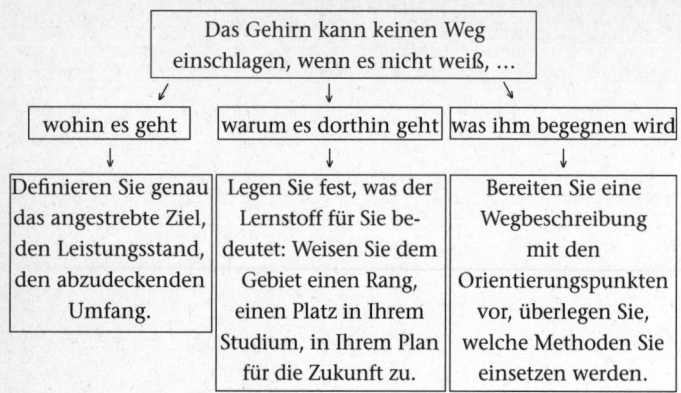

Das Gehirn kann keinen Weg einschlagen, wenn es nicht weiß, ...

wohin es geht	warum es dorthin geht	was ihm begegnen wird
Definieren Sie genau das angestrebte Ziel, den Leistungsstand, den abzudeckenden Umfang.	Legen Sie fest, was der Lernstoff für Sie bedeutet: Weisen Sie dem Gebiet einen Rang, einen Platz in Ihrem Studium, in Ihrem Plan für die Zukunft zu.	Bereiten Sie eine Wegbeschreibung mit den Orientierungspunkten vor, überlegen Sie, welche Methoden Sie einsetzen werden.

Schema 3: Linke Gehirnhälfte, rechte Gehirnhälfte

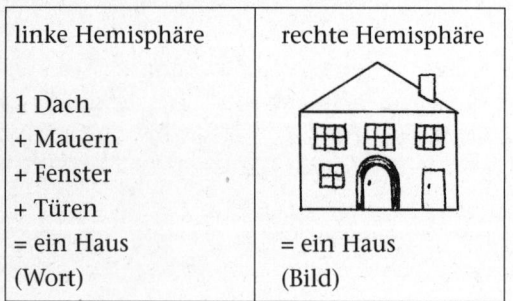

linke Hemisphäre	rechte Hemisphäre
1 Dach + Mauern + Fenster + Türen = ein Haus (Wort)	= ein Haus (Bild)

BAUSTEIN 1:
DIE LESEFÄHIGKEIT ERHÖHEN

Das Lesen ist ein zentraler Bestandteil der geistigen Arbeit, es beeinflusst den Erfolg des Studiums. An verschiedenen Universitäten hat man festgestellt, dass Studenten, die bei den Prüfungen am Ende des Grundstudiums durchfielen, das Lesen etwas weniger gut beherrschten als diejenigen, die die Prüfungen bestanden hatten.

Aktives, dynamisches und schnelles Lesen – in einem Wort, »leistungsstarkes« Lesen – zu erreichen, ist das Ziel dieses Bausteins, der Ihnen folgendes Vorgehen anbietet:

- Ihre Vorstellungen über das Lesen ermitteln;
- mit Hilfe eines Tests Ihre aktuelle Lesegeschwindigkeit, Ihr Leseverstehen und Ihren Leseerfolg ermitteln;
- die Prozesse erkennen, die beim Akt des Lesens ablaufen;
- verschiedene Techniken erlernen, die es ermöglichen, kontrolliertes und bewusstes Lesen zu beherrschen (Vorausschau, visuelle Genauigkeit und Gewandtheit, Schnelligkeit).

Fragebogen: Ihre Einstellung zum Lesen

Was denken Sie über die folgenden Behauptungen? Kreuzen Sie das Ihrer Antwort entsprechende Kästchen an (vermeiden Sie dabei möglichst »weiß nicht«). Am Ende des Bausteins kommen Sie wieder zu diesem Fragebogen zurück. Wir werden sehen, ob Sie dann noch derselben Meinung sind.

1. Man soll immer ein Wort nach dem anderen lesen.			
2. Wenn man schnell liest, kann man nicht erfassen, was man liest.			
3. Wenn man schnell liest, behält man schlechter.			
4. Jeder hat seine eigene durchschnittliche Lesegeschwindigkeit, an die er sich halten muß.			
5. Man darf niemals Abschnitte oder Seiten überspringen.			
6. Wenn man ein Lehrwerk oder ein Skript liest, ist es am besten, mit dem ersten Wort anzufangen.			
7. Wenn man ein Wort nicht versteht, muss man sofort zum Wörterbuch greifen.			
8. Beim Lesen zurückzublättern ist eine gute Technik, den Text zu verstehen.			

Bestandsaufnahme am Anfang: Wo stehen Sie?

Lesen Sie den folgenden Text in Ihrem gewöhnlichen Rhythmus. Beantworten Sie dann die Fragen, ohne noch einmal zum Text zurückzukommen.

Notieren Sie die genaue Uhrzeit (Minuten, Sekunden) zu Beginn und am Ende des Lesens oder noch besser, benutzen Sie eine Stoppuhr.

Und los geht es, Stoppuhr drücken!

Die Bedeutung der ersten Bücher für das Lesen

Eines der grundlegenden Dinge und auch eines der schwierigsten, die jedes menschliche Wesen erlernen muss, ist es, sich selbst kennen zu lernen und den Umgang mit anderen zu lernen. Das bedeutet, dass der Mensch lernen muss, sein eigenes Verhalten und das der anderen richtig vorauszusehen. Die Menschen, mit denen ein Kind zuerst lernen muss auszukommen, sind sein Vater und seine Mutter. Daher sollte man erwarten können, dass seine ersten Bücher ihm ein realistisches Bild vom Verhalten der Eltern und deren Umgang miteinander und mit ihm selbst geben.

Aber obwohl die Eltern eine wichtige Rolle in den Büchern spielen, schildern die Geschichten nie Situationen, in denen Vater und Mutter uneins sind. Daraus schließt das Kind entweder, dass die Geschichten unwahr und nicht wert sind, gelesen zu werden, oder dass seine Eltern unnormal sind, weil sie sich ab und an streiten. In Wirklichkeit sollten die Kinder lernen, dass Menschen unterschiedlicher Auffassung sein können, sich auch streiten und dennoch glücklich zusammenleben können. Sie sollten lernen, dass es bei unterschiedlichen Meinungen besser ist, wenn man diese auch vertritt und sie nicht etwa verschweigt.

In den Geschichten, die von Familien erzählen, ist die Mutter stets bereit, spazieren zu gehen und zu spielen; sie ist nie mit Hausarbeit beschäftigt. Wenn sie außerhalb des Hauses arbeitet, hat sie damit auch keine Probleme: Es scheint so, als hätte sie eine unerschöpfliche Energie und Zeit, um sich um das Kind und den Haushalt zu kümmern. Ebenso ist der Vater in diesen Geschichten niemals müde und muss sich zuerst ausruhen, wenn er von der Arbeit kommt. Das Kind wird dadurch verleitet zu glauben, dass seine eigenen Eltern keine guten Eltern sind, weil sie sich nicht so verhalten wie die Eltern in den Geschichten. Seine eigenen Eltern benehmen sich wie menschli-

che Wesen, die manchmal müde, besorgt oder etwa verärgert sind, wenn sie der ewigen Hausarbeit nachgehen müssen, das genaue Gegenteil dessen, was in den Büchern steht.

In vieler Hinsicht stellen die bebilderten Kinderbücher Familien und Verhaltensweisen als erstrebenswert und normal vor, die in krassem Gegensatz zu dem stehen, was das Kind in seinem täglichen Leben kennen lernt. Die Folge ist, dass die Texte und Bilder das Kind gegen die Realität seines Lebens aufbringen, oder aber es schließt daraus, dass man Büchern nicht vertrauen kann, wenn man die Realität kennen lernen will.

Mit den ersten Büchern, mit denen wir die Kinder von der Wichtigkeit, Lesen zu lernen überzeugen wollen, müssen wir sicherstellen, dass sie das Material, das wir ihnen zum Lesen geben, nicht zu ernst nehmen; sonst gelangen sie zu der Überzeugung, dass das Lesen nur falsche Informationen liefert. Wenn etwa in solch einer Geschichte ein Kind einen Unfall hat, was manchmal vorkommt, so benimmt es sich nie, als ob es verletzt, verängstigt oder wütend wäre. Alles, was geschieht, ist immer sehr lustig. Solche Geschichten bereiten das Kind nicht darauf vor, erfolgreich Schwierigkeiten zu begegnen, und lehren es nicht, dass man durch Lesen richtig informiert werden kann.

So erzählen die Geschichten auch oft, wie glücklich Kinder sind, wenn ein Neugeborenes in die Familie kommt. Dabei ist es viel wahrscheinlicher, dass ein Kind eifersüchtig auf das Baby ist, das in seine Welt eindringt. Ausgehend von dem, was es gelesen hat, macht es sich ein Bild und weiß nun nicht mehr, woran es mit den eigenen Gefühlen ist oder es glaubt die Geschichten nicht mehr. In Wirklichkeit liefern diese ersten Bücher ein Bild der Welt, wie sie vom Standpunkt der Erwachsenen sein sollte, aber nicht wie sie tatsächlich ist.

Lernen baut auf einem Gefühl der emotionalen Geborgenheit auf; ein Kind, das sich nicht geborgen fühlt, ein verstörtes Kind, ist ein schlechter Schüler. Wenn die falschen Bilder seiner ersten Lesebücher ihm den Eindruck vermitteln, dass seine Gefühle nicht mit dem über-

einstimmen, was die Gesellschaft von ihm erwartet, wird das Kind unfähig sein, gut zu lernen. Fast alle Gefühle, die in den ersten Büchern beschrieben werden, sind positiv und klar; sie sind fast nie gemischt oder ganz negativ. Es ist ebenso unrealistisch zu behaupten, alle Kinder seien eifersüchtig auf ihre Geschwister, wie: alle Kinder freuen sich über ein Baby, das in die Familie geboren wird. Als wir klein waren, waren die meisten von uns zwischen den beiden Gefühlen gespalten: Man liebte das neue Kind, war aber gleichzeitig böse darauf, weil es sich einem in den Weg stellte. Wenn unsere ersten Lesebücher die Einstellung eines Kindes zu einem neuangekommenen Kind realistischer beschreiben würden, hätte das Kind Anlass, darüber nachzudenken, und wäre überzeugt, dass es durch das Lesen lernen etwas ganz Wichtiges gewinnt.[1]

Uhr stoppen!

Trainingsaufgaben

Kreisen Sie die Antworten ein, die dem Text entsprechen oder notieren Sie sie auf einem Extrablatt:

1. Was sollte ein Buch Kindern vermitteln?
   a. die elementaren Überlebensstrategien;
   b. die Reaktionen der Eltern;
   c. die Welt, die es umgibt, kennen zu lernen.

2. Welches ist der Hauptvorwurf, den der Autor den Kinderbüchern macht?
   a. Mangel an Bildern;
   b. schwieriger Stil und Wortschatz;
   c. Missverhältnis zwischen Büchern und Realität.

3. Welche Beispiele führt der Autor an, um seine These zu verdeutlichen?

   a. Unfälle;

   b. Ferien;

   c. Meinungsverschiedenheit zwischen Eltern;

   d. Freundschaften zwischen Kindern;

   e. die Geburt eines anderen Kindes;

   f. den Tod;

   g. die Verfügbarkeit der Eltern;

   h. die Trennung der Eltern.

4. Bei der Lektüre seiner ersten Bücher kann das Kind auf zwei Arten reagieren, auf welche?

   a. es lehnt sich eventuell gegen die Realität auf;

   b. es glaubt, vielleicht nie lesen lernen zu können;

   c. es kann denken, lesen sei eine fesselnde Sache;

   d. es kann zu der Vermutung kommen, dass Bücher lügen.

5. Der Autor unterstreicht, dass das Kind, um lernen zu können, Folgendes braucht:

   a. sich in einer Gruppe befinden;

   b. Gefühl der Geborgenheit;

   c. Belohnungen.

6. Die Gefühle in Kinderbüchern sind:

   a. negativ;

   b. gemischt;

   c. positiv.

Auswertung

Wie berechnet man die Lesegeschwindigkeit?

Rechnen Sie die Lesezeit aus:

Der Text umfasst 747 Wörter. Rechnen Sie die Anzahl der in einer Minute gelesenen Wörter aus, so erhalten Sie Ihre Lesegeschwindigkeit.

Beispiel:
Sie beginnen exakt um 10 Uhr 13 Minuten zu lesen und hören um 10 Uhr 15 Minuten und 20 Sekunden auf. Ihre Lesezeit ist 2 Minuten, 20 Sekunden (140 Sekunden). Ihre Lesegeschwindigkeit ist:

747 x 60 : 140 = 320 Wörter pro Minute

Wie berechnet man den Grad des Verstehens-Behaltens?
Geben Sie sich einen Punkt für jede richtige Antwort.

Wie berechnet man den Erfolg des Lesens?
Wir werden noch sehen, dass ein geübter Leser schnell liest und gut versteht. Der gemessene Leseerfolg ermöglicht es, Geschwindigkeit und Verständnis zueinander in Verbindung zu setzen. Um ihn zu messen, multiplizieren Sie das Ergebnis der Geschwindigkeit mit dem Ergebnis des Verstehens und teilen Sie sie durch zehn (es waren zehn Antworten zu geben).

Beispiel:
Sie lesen 320 Wörter in der Minute, Sie haben 6 richtige Antworten beim Fragebogen. Ihr Leseerfolg ist:

320 x 6 : 10 = 192

Ergebnisse:
Geschwindigkeit: .... Wörter pro Minute
Verstehen-Behalten: ....
Leseerfolg: ....

Vergleichswerte für die Lesegeschwindigkeit
- langsamer Leser: weniger als 200 Wörter in der Minute
- durchschnittlicher Leser: 240 Wörter in der Minute
- schneller Leser: ab 400 Wörter in der Minute

Mit etwas Übung schaffen Sie 900 Wörter in der Minute.

Lesen – ein Geheimnis?

Wie liest man?

Wie liest man, oder mit anderen Worten: wie entnimmt man den geschriebenen Zeichen den Sinn?

Die im Text enthaltenen Hinweise bringen Sie auf den richtigen Weg. Insgesamt lesen Sie bei flüssigem Lesen einen großen Teil des Textes, ohne ihn zu zerlegen oder zu analysieren. Um zu verstehen, was vorgeht, vervollständigen Sie den folgenden Satz: »Es war brennend heiß; der Reisende, der sehr durstig war, bat um ein weiteres .... Wasser«. Sie haben sicher ohne zu zögern, den fehlenden Begriff »Glas« eingesetzt. Was hat Sie dazu veranlasst?

- Hinweise vom Sinn her, die der Zusammenhang liefert. Was vorausging, hat Sie veranlasst, eher »Glas« zu erwarten als »Ball«, »Bett« oder »Pferd«;
- syntaktische Hinweise: Der unbestimmte Artikel »ein« hat Sie alle weiblichen Wörter ausschalten lassen; dadurch wurden andere Wörter, die vom Sinn her auch möglich gewesen wären (Becher, Flasche, Krug), ausgeschaltet;
- Hinweise, die der Satzbau liefert: der Leser erwartet, dass Geschriebenes in einem bestimmten Aufbau präsentiert wird: nach einem Subjekt ein Verb; nach einem Artikel ein Substantiv oder ein Adjektiv. Sie haben daher in diesem Fall bestimmte Wortarten ausgeschlossen: Verben, Adverbien.

In einem normalen, kompletten Text (ohne Lücken) kommt ein weiterer Hinweis hinzu:

- die Umrisse der Wörter. Bevor Sie ein Wort richtig lesen, nehmen Sie schon seine äußere Form wahr: langes Wort, kurzes Wort, Wort mit mehreren Buchstaben, die die Linie nach oben überschreiten ... Bevor Sie sehen, haben Sie Umrisse wahrgenommen.

Alle diese Hinweise – Sinnhinweise, syntaktische Hinweise, Hinweise vom Satzbau und der äußeren Form her – ermöglichen Ihnen vorauszusehen, was folgen wird. Sie veranlassen Sie zu einer sehr schnellen, unbewussten Entscheidung, die das Lesen selbst in den meisten Fällen nur noch bestätigt.

Das Vorgehen des geübten Lesers spielt sich in drei Schritten ab
Erster Schritt:
Ausgehend von Titel und äußerer Aufmachung stellt der Leser seine erste Hypothese über den Inhalt des Textes auf. Die rechte Gehirnhälfte ist hier vorrangig tätig. Zum Beispiel sagt sich der Leser: »Dieser Text ist ein Zeitungsartikel über das Fernsehen und die Jugend. Die Wörter ›Programm‹, ›Sendereihe‹, ›Film‹ werden sehr wahrscheinlich auftauchen«. Bevor er mit Lesen beginnt, stellt sich sein Geist schon darauf ein, dieses oder jenes Wort vorzufinden, und sortiert schon in der Vielzahl möglicher Begriffe.

Zweiter Schritt:
Der Leser überprüft seine Hypothese durch das Lesen, hierbei ist die linke Gehirnhälfte besonders angesprochen. Das Wort, das gelesen werden soll, besteht aus mehreren Silben und hat in seinen Umrissen mehrere Buchstaben, die die Linie nach oben überschreiten: Diese Besonderheiten erlauben es, ohne zu zögern den Begriff »Sendereihe« zu erkennen und nicht etwa

»Film« oder »Programm«, Begriffe, die ja auch erwartet werden konnten. Er muss sich nicht vergewissern, dass es sich um »Sendereihe« und nicht um »senden« handelt, da an der Stelle kein Verb erwartet wird.

Dritter Schritt:
Der Leser überprüft seine Hypothesen und sein Lesen mit Hilfe des Sinns. Um das gelesene Wort zu bestätigen, muss es einerseits in den Satz passen, andererseits darf es dem Wissen des Lesers nicht widersprechen. Ein Satz wie »Ein Hase mit leuchtenden Federn lief über den Hof« widerspricht unserem gängigen Wissen über dieses Tier, das ein Fell besitzt, und kann von uns daher nicht akzeptiert werden (außer in einem Science-Fiction-Buch).

Lesen: Ein ständiger Austausch zwischen Geschriebenen und Leser
Lesen besteht also nicht nur daraus, Buchstaben zu erkennen und miteinander zu kombinieren; es besteht auch nicht darin, einer Kette von Wörtern zu folgen, sondern das Wissen des Lesers wird eingebracht. Es entsteht eine konstante Hin-und-her-Bewegung zwischen dem Geschriebenen und dem Leser.
Je besser der Leser in der Lage ist, auch das einzusetzen, was er »hinter den Augen«, also»im Kopf« hat, umso weniger visuelle Informationen benötigt er, um Buchstaben oder Wörter zu erkennen. Der Austausch zwischen visuellen und nichtvisuellen Informationen ist ausschlaggebend für das Erreichen eines leichten Lesens. Derjenige, der nur auf das zurückgreift, was er geschrieben sieht, überlastet sein visuelles System; er liest »im Tunnel« und es gelingt ihm viel schwerer, zu verstehen. Im Gegensatz dazu eilt der Leser, der sein Wissen mobilisiert und einsetzt, den Kontext berücksichtigt, den Wörtern voraus; ihm genügt es, sie zu überfliegen, er muss sich nicht lange bei ihnen aufhalten; dadurch ist sein Lesen viel leichter geworden.

Die Funktion der beiden Gehirnhälften beim Lesen

Das Entschlüsseln von einem Wort nach dem anderen ist ein weitverbreiteter Trend, der dem entspricht, was man gelernt hat. Diese punktuelle Analyse des Geschriebenen, die sich aus der Art, wie wir lesen gelernt haben, ergibt, beteiligt in erster Linie die linke Gehirnhälfte. Der Leser riskiert dabei, wie wir gesehen haben, das Steckenbleiben, das Erlahmen seiner Kräfte.

Ein dem ersten entgegengesetzter Trend ist es, Hypothesen aufzustellen und sie dann nicht zu überprüfen; in dem Fall errät der Leser ungefähr oder liest ein Wort für ein anderes. Dieser Leser nutzt nur seine rechte Gehirnhälfte. Das Vorgehen führt unvermeidlich zu falschen und oft folgenschweren Schlüssen, wenn es zum Beispiel um einen Text geht, der genaues Lesen erfordert. Das Erfassen des Themas ist hierfür das prägnanteste Beispiel. Ein wirklich fähiger Leser ist derjenige, der linke Gehirnhälfte und rechte Gehirnhälfte zusammenarbeiten lässt. Lesen Sie hierzu auch Seite 61.

Im ersten Fall, also wenn die linke Gehirnhälfte vorrangig angesprochen wird, geschieht die Bearbeitung aufsteigend, das heißt vom Text zum Leser; im zweiten Fall, wenn die rechte Gehirnhälfte vorrangig angesprochen wird, absteigend vom Leser zum Text; im dritten Fall, wenn linke und rechte Gehirnhälfte gemeinsam eingesetzt werden, ist die Textbearbeitung interaktiv: vom Text zum Leser, vom Leser zum Text.

absteigende Bearbeitung   aufsteigende Bearbeitung   interaktive Bearbeitung

Nur der Leser, der das, was er weiß und das, was er sieht, kombiniert und damit visuelle und intellektuelle Kompetenzen durch dynamische Interaktion beider Gehirnhälften mobilisiert, ist ein wirklich kompetenter Leser, der effizient liest. Besser lesen heißt, besser sehen und besser voraussehen. Zu diesem Zweck ist es notwendig,

- seine intellektuellen Fähigkeiten durch Vorausgehen, Formulieren von Hypothesen und
- seine Wahrnehmungsfähigkeit durch exaktes Sehen, Überblicken und bewegliches Sehen zu trainieren.

Zusammenfassung

➤ Lesen = kombinieren auf interaktive Art; zwei Quellen: visuelle Information (Text) und kognitive Information (gespeichertes Wissen des Lesers).

➤ Der passive Leser nimmt den Sinn hin, der aktive Leser produziert den Sinn. Zwei grundsätzlich verschiedene Herangehensweisen.

Lesen mit »einer Länge Vorsprung«

Bereit sein, Dinge gedanklich vorwegzunehmen

Das vorangegangene Kapitel hat die Funktion des Vorausgreifens dargestellt. Wer sich darauf vorbereitet, auf Wörter zu treffen, identifiziert sie leichter. Wie kann man nun diese Fähigkeit, vorzugreifen, verbessern? Es ist gar nicht notwendig, eine Vielzahl von Übungen anzubieten, und ich werde auch nur wenige vorschlagen – was wirklich wichtig ist, spielt sich vor dem Lesen ab. Um ein aktives, teilnehmendes Lesen zu beginnen, insbesondere wenn Sie für Ihr Studium lesen, ist die Zeit, die Sie brauchen, um sich auf die richtige »Umlaufbahn« zu bringen, besonders wichtig. Während dieses Zeitraumes T-1 werden Sie fünf Stadien durchlaufen.

Die Vorbereitung zum Start

1. Begrenzen Sie die Lesemenge. Wenn Sie ein Lehrbuch oder ein Vorlesungsskript lesen, setzten Sie Markierungen ein, um den Bereich sichtbar zu machen, den Sie abdecken müssen.
2. Bestimmen Sie, wie viel Zeit Sie darauf verwenden wollen. Eine begrenzte Zeit wird besser genutzt und hält die Konzentration aufrecht.
3. Definieren Sie das Ziel Ihrer Lektüre, oder erinnern Sie sich wieder an ein bereits festgelegtes Ziel. Warum werden Sie diesen Text, dieses Kapitel, dieses Skript lesen? Warum ist es für Sie wichtig, den Text zu kennen? Was erwarten Sie von dem Text? Wenn nötig, halten Sie Ihr Ziel in einem Satz fest, um die Abmachung zwischen Ihnen und dem Geschriebenen wirklich festzulegen. Auf jeden Fall wird Ihre Motivation angeregt werden.
4. Mobilisieren Sie Ihr Wissen. Es kommt sehr selten vor, dass Sie überhaupt nichts über ein Thema wissen. Denken Sie an das, was Sie schon gelesen, gesehen, gehört haben, und Sie werden feststellen, dass das Gedächtnis sehr viel mehr Informationen bevorratet, als Sie dachten.
5. Verharren Sie einige Augenblicke beim Titel des Buches, des Textes oder Kapitels und überlegen Sie, welche Hinweise er gibt. Was wird das Thema sein?

Diese Schritte haben das Ziel, die Angst vor dem Unbekannten zu nehmen, den bedrückenden Eindruck zu vermeiden, dass man sich vor einer riesengroßen Aufgabe befindet, ein Gefühl, das insbesondere vom limbischen System gefürchtet wird.

Durch dieses Vorgehen werden Sie beruhigt, und der Kortex kann alle seine Funktionen einsetzen. Darüber hinaus wird durch das Mobilisieren des vorhandenen Wissens und die Klärung Ihrer Erwartungen an den Text Ihre Neugier geweckt und Ihre Aufmerksamkeit geschärft. Dann befinden Sie sich in genau dem richtigen Zustand, um vorzugreifen.

Zusammenfassung

➤ Gedankliche Vorwegnahme beim Sport bedeutet, die Aktionen des Gegners vorhersehen und sich entsprechend darauf vorbereiten.

➤ Gedankliche Vorwegnahme beim Lesen bedeutet, den Inhalt des Textes vorhersehen.

➤ In beiden Fällen ist die gedankliche Vorwegnahme ein Faktor des Erfolgs.

Trainingsaufgaben

Ziel: Ihre Fähigkeit zur Vorwegnahme trainieren.

1. Schauen Sie sich den Titel des unten stehenden Textes an: Welches Thema wird behandelt?
2. Lesen Sie den Text ein erstes Mal ganz durch, ohne sich um die Lücken zu kümmern.
3. Setzen Sie die fehlenden Wörter ein.

Supermärkte mit großer Verkaufsfläche:
eine scheinbare Freiheit

In den Selbstbedienungstempeln ist die Freiheit trotz des äußeren Scheins ungemein eingeschränkt.

Schon gleich am Eingang muss der Kunde nach rechts ..... 1) und holt sich ..... 2) einen großen ..... 3) (mit bis zu 170 Liter Inhalt). Keinen Widerspruch duldend, verkündet ein Schild: »Voller Einkaufswagen zu ..... 4) Preisen«.

Stellen wir uns einmal vor, eine Kundin kommt, um eine ..... 5) Tüte Mehl und ein Paket Reis zu kaufen. Diese ..... 6), die zu den Grundnahrungsmitteln gehören, befinden sich oft ..... 7) anderen Ende des Geschäftes oder sogar im Souterrain. In ..... 8) Großmärkten findet man seinen ..... 9) leicht, wenn man den gut lesbaren Schildern folgt und durch ..... 10) breiten Gänge geht. Aber andernorts vermengen ..... 11) die Wegeschilder mit anderen Schildern, die diese oder jene Ware anpreisen, dieses oder ..... 12) Schnäppchen. Wie soll man aber durch solche Gänge, die ..... 13) mit Angebots- und Drehständern sind, die während ..... 14) Spitzenzeiten wie absichtlich den ..... 15) blockieren, durchkommen? Oft bezahlt der Hersteller dem ..... 16) für den Platz, an dem er sein Produkt aufstellen und ..... 17) darf. Dafür gibt es inzwischen ..... 18) richtige Werbestrategie, die so genannte Direktwerbung ..... 19) Ort, die darin besteht, den Artikel, den es ».....«20) gilt, oben, ... 21) oder quer über den Gang auszustellen.

Die Verpackung muss in erster Linie den Blick fangen, ... 22) möglich mit einem Farbfoto, das nicht etwa den Reis ..... 23), den unsere ..... 24) sucht, sondern eine üppige Paella mit Riesengarnelen (nicht im ..... 25) enthalten). Die ..... 26) gibt einen verlockenden Vorgeschmack auf das fertige Gericht. Da kein Verkäufer ..... 27) ist, ist es die Verpackung, die den Kontakt ..... 28) dem Käufer herstellt. ..... 29) übergroße Verpackung ist an der Tagesordnung. Die Verpackung schützt ..... 30) hygienisch das Produkt. Aber für die Werbefachleute ..... 31) das Berühren der Ware entscheidend und sie ..... 32), dass

berühren schon ..... 33) wie besitzen ..... 34). Die Verpackung ..... 35)
damit zwei entgegengesetzten Bedürfnissen entgegen.
Es ist ..... 36) bekannt, dass jede Farbe für unterschiedliche Dinge
steht, je ..... 37) Geschlecht, sozialer Schicht oder Produkt. ..... 38)
Marken übernehmen die Kombination rot ..... 39) gelb. Hausfrauen,
die gebeten wurden, drei ..... 40) Waschmittel zu testen, haben als
wirksamstes Waschmittel dasjenige beurteilt, das sich in einem gelb-
blauen Paket ..... 41). Die neutralen, kalten oder metallischen .....
42) verführen eher die ..... 43) Schicht: Diese Farbtöne findet man
daher auf ..... 44) Whiskyetiketten.
Aber das schlagende Argument bei großen ..... 45) ist die Überfülle.
Wenn die »Verkaufsgondel« von einem ..... 46) überquillt, wird 22
Prozent mehr gekauft, ... 47) bei ..... 48) mit leeren Fächern. Die
Dimension der ..... 49) Fläche zeugt allein schon vom Überfluss. »....
50) Produkte indoktrinieren« rief einmal ein dem Rieseneinkaufs-
markt Entkommener aus.[2]

Ergebnis: .... Prozent (zwei Prozent für jedes richtige Wort)

Das genaue visuelle Erfassen

Die ganzheitliche Wahrnehmung

Stellen wir uns einmal vor, Sie wären in einem Bahnhof und er-
warteten einen Freund. Der Zug kommt an, die Reisenden steigen aus und eilen zum Ausgang. Wie erkennen Sie Ihren
Freund? An seinem lockigen Haar? Weil er Jeans trägt? Weil er
soundso groß ist? Es ist sehr wahrscheinlich, dass Sie nicht alle
diese Details unterscheiden werden. Auch andere Personen können die gleichen Besonderheiten aufweisen. Sie erkennen ihn
mit einem Blick, weil er es ist und nicht ein anderer.
Der gute Leser geht auf die gleiche Art und Weise vor. Er erkennt
die Worte an ihrem Fluss und muss nicht jeden einzelnen Buch-

staben ausmachen. Die Wörter können, wie die Menschen, Gemeinsamkeiten haben, aber jedes Wort, wie jedes Individuum, bildet ein einzigartiges Ganzes, das es möglich macht, es sofort zu erkennen, ohne sich zu täuschen.

Der gute Leser nähert sich dem Wort ganzheitlich, was ihm einen leichteren Zugang zum Sinn ermöglicht, denn sein Arbeitsgedächtnis*, ist nicht überfüttert mit unwichtigen Details wie Buchstaben oder Silben. Nur wenn er auf unbekannte Wörter trifft, nimmt er sein Entschlüsselungssystem in Betrieb.

Die genaue Wahrnehmung

Um fließend zu lesen, um ein Wort unter anderen ähnlichen Wörtern zu identifizieren, braucht der Leser eine feine Wahrnehmung. Die Genauigkeit der visuellen Wahrnehmung spielt hier eine wichtige Rolle: Sie hilft, Wortverwechslungen zu vermeiden, deren Folgen oft ärgerlich sind, denn sie zwingen den Leser, zurückzugehen und das Gleiche ein zweites Mal zu lesen, bevor er es versteht.

Trainingsaufgaben

Wie kann man seine visuellen Fähigkeiten trainieren?

Die Übungsphasen sollten kurz sein (nicht mehr als 15 bis 20 Minuten), intensiv und häufig.

So, wie Sie Ihre Muskeln vor dem Sport aufwärmen sollten, sollten diese Übungen, bei denen Sie die erlernten Techniken anwenden, dem Lesen vorausgehen.

* Arbeitsgedächtnis ist das Gedächtnis, das es uns ermöglicht, die ersten Wörter eines Satzes zu erinnern, wenn wir schon am Ende des Satzes sind.

Die Übungen, vor denen ein * steht, sollten mindestens zwei-
mal ausgeführt werden, in regelmäßigem Abstand während
mehrerer Wochen.

Reihe 1:

Ziel: Die visuelle Genauigkeit entwickeln.

Fotografieren Sie mit dem Blick das erste Zielwort (Meldung)
und prägen Sie es sich geistig ein. Durchlaufen Sie dann schnell
die Tabelle und kreuzen Sie das Wort jedes Mal an, wenn Sie es
erblicken. Machen Sie es ebenso mit den anderen Zielwörtern.

Übung 1
Stoppuhr drücken!

Zielwort

Meldung Informieren Durchblick Mund Zeitung

	A	B	C	D	E
1	Meinung	Malträtieren	Insistieren	Polemik	Meiden
2	Interessieren	Formieren	Intervenieren	Zeitmaß	Augenblick
3	Durchbruch	Deklinieren	Interpretieren	Zeitgemäß	Durchbrennen
4	Schlund	Sendung	Infiltrieren	Rundblick	Munter
5	Rund	Meldung	Informieren	Bunt	Mund
6	Politik	Zeitung	Windung	Gesund	Politik
7	Meinung	Wund	Ausblick	Heilung	Durchblick
8	Nennung	Bund	Rundblick	Zeitung	Augenblick
9	Interesse	Mund	Rettung	Meldung	Informieren
10		Mechanik	Leitung	Interessieren	
11		Augenblick			

Reihe 2:

Ziel: Die visuelle Genauigkeit und die intellektuelle Gewandtheit trainieren.

Jedem Wort der Reihe A entspricht ein Wort der Reihe B, das das Gegenteil bedeutet. Finden Sie es schnell.

* *Übung 1*
Stoppuhr drücken!

Reihe A:
1. Dunkelheit, 2. zerstreut sein, 3. loben, 4. sparen, 5. unbedeutend, 6. einführen, 7. gutschreiben, 8. erlauben, 9. einatmen, 10. aufregen.

Reihe B:
debütieren – intervenieren – unterhalten – eskortieren – bedeutend – beteuern – ausgenommen – verletzen – belasten – abstimmen – Schnelligkeit – explodieren – konzentriert sein – verletzen – ermahnen – vermitteln – ausdrücken – Intermezzo – ausstellen – erklären – ausführen – verschwenden – interpretieren – ausdehnen – ausatmen – einschränken – Helligkeit – erinnern – erklären – beruhigen – tadeln – rationieren – führen – verbieten – betreffen – konzertieren.

Stoppuhr drücken!
Zeitaufwand: .... Zahl der richtigen Antworten: ....

* *Übung 2*
Reihe A:
1. unfruchtbar, 2. öffnen, 3. Gegner, 4. verengen, 5. Steifheit, 6. implizit, 7. Erfolg, 8. Skepsis, 9. nachlässig, 10. hassen.

Reihe B:
Festigkeit – zuverlässig – formen – Anhänger – sich durchsetzen – prämieren – Schauspieler – feindlich – fruchtig – Neutralität – teilen – ausstellen – setzen – erklären – ungesetzlich – Echo – teilweise – Wahl – Gewandtheit – Elastizität – ungewöhnlich – schließen – prämieren – aktiv – gebürtig – handeln – explizit – ausnutzen – tasten – müßig – Leichtgläubigkeit – lieben – Glaubwürdigkeit – Wahl – ausdehnen – nützlich – fruchtbar – Missernte – Misserfolg

Stoppuhr drücken!

Das Gesichtsfeld

Fixieren – Weitergehen – Fixieren – Weitergehen

Wissen Sie, wie das Auge vorgeht, wenn es liest? Schon zu Beginn des letzten Jahrhunderts, hat ein französischer Forscher, Emile Javal, der Direktor des augenheilkundlichen Laboratoriums an der Sorbonne, die Wahrnehmung während des Lesevorgangs untersucht. Er hat bewiesen, dass das Auge nicht an der Linie eines Textes entlanggeht wie etwa ein Zug auf Schienen, sondern dass es durch kleine Sprünge weitergeht. Während einer ganz kurzen Zeit ist das Auge unbeweglich und fixiert eine Einheit von mehreren Buchstaben oder Wörtern, dann macht es in noch kürzerer Zeit einen Ruck, um noch einmal eine Einheit von Buchstaben oder Wörtern zu fixieren.

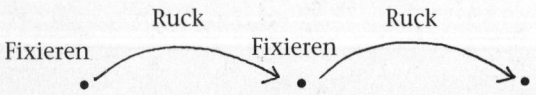

Der rasch aufeinander folgende Wechsel von Ruck und Fixierung zusammen mit dem beharrenden Netzhautbild erweckt den Eindruck der Kontinuität. Der Prozess ist der gleiche, wie wenn wir uns einen Film ansehen. Während der ruckartigen Bewegungen ist das Sehen sehr vermindert, wenn nicht gleich Null. Sie wollen einen Beweis dafür? Dann versuchen Sie einmal aus einem fahrenden Zug den Namen eines Bahnhofs zu lesen. Das Auge nimmt nur einen Zustand der Unbeweglichkeit wahr.

Seit 1905 haben sich die Techniken zur Beobachtung der Augenbewegungen natürlich verbessert. Trotzdem haben jüngste Untersuchungen die Feststellungen Javals nicht in Zweifel gezogen, sondern nur eine noch feinere Analyse ermöglicht.

Die Dauer der Ruckbewegungen ist konstant, und zwar 35 Tausendstelsekunden, und ihre Größe ist variabel mit zirka acht bis zehn Buchstaben durchschnittlich.

Die ruckartigen Bewegungen eines ungeübten »Neulesers« reichen nicht so weit wie die eines erfahrenen Lesers.

Die Dauer der Fixierungen ist etwas weniger konstant, zwischen 100 und 500 Tausendstelsekunden, wobei der Durchschnitt etwa bei 225 Tausendstelsekunden liegt. Je erfahrener der Leser ist, umso kürzer ist die Fixierung.

Die Weite der Fixierung ist sehr variabel. Das Gesichtsfeld, das heißt hier die Anzahl der während einer Fixierung erfassten Buchstaben, reicht von zwei bis 25 oder sogar 30. Das ist ein zentraler Punkt. Daher schauen wir uns, bevor wir die Auswirkungen betrachten, erst einmal an, was bei diesen 30 Zeichen genau gesehen und was eher unscharf wahrgenommen wird.

Zwei sich ergänzende Gesichtsfelder
Die Informationen, die das Auge während der Fixierungen aufnimmt, werden der Retina zugeleitet. Sie hat jedoch nicht in allen ihren Bereichen die gleiche Unterscheidungskapazität. Vom

Zentrum der Retina, der Fovea, bis zu ihren Randzonen vermindert sich die Sehschärfe. Es gibt also eine foveale Zone, in der die Zeichen sehr genau gesehen werden, und eine Randzone, in der sie eher verschwommen sind. Der Leser nimmt in der fovealen Zone etwa sieben Zeichen auf und zirka zehn in der Umgebung des fixierten Punktes.

Die Aufgaben der fovealen und der Randzonen erweisen sich als komplementär. Die Randzonensicht liefert Informationen über die Umrisse der Wörter, sie ermöglicht das Überblicken; die foveale Sicht dagegen sieht die Wörter selbst. Der Leser kann die Informationen umso eher erkennen, als er sie bereits erwartet (auf Grund des Vorgreifens) und sie flüchtig gesehen hat.

Die Konsequenz: Lesen Sie mit »Weitwinkel«

Zwischen dem geübten und dem durchschnittlichen Leser besteht einer der großen Unterschiede in der Anzahl der Wörter, die bei jeder Fixierung des Auges erfasst werden. Der »normale« Leser nutzt oft nur einen kleinen Teil seines Gesichtsfeldes und erfasst nur eine begrenzte Zahl von Buchstaben. Das traditionelle Lehren des Lesens führt tatsächlich dazu, nur kurze Fixierungen auf ein bis vier Zeichen zu machen – einen Buchstaben, eine Silbe oder ein kurzes Wort. Sie wissen inzwischen, dass das limbische System Unbekanntes nicht liebt und Gewohnheiten, die während des Lernens angenommen wurden, nicht gern verändert. So kommt es schließlich dazu, dass viele Möglichkeiten des Sehens brachliegen.

Um seine Lesefähigkeit zu verbessern, ist es daher notwendig, nicht etwa das Gesichtsfeld zu erweitern – das lässt sich nicht wie Kaugummi ziehen –, sondern die vorhandenen Möglichkeiten optimal zu nutzen. Um das zu erreichen, werden Sie üben, bei jeder Fixierung immer die größtmögliche Anzahl von Elementen aufzunehmen und alle Informationen zu nutzen, die Ihnen von den beiden Sehzonen geliefert werden. Die optimale Ausnutzung des Sehvermögens ist die Voraussetzung, um besser und schneller zu lesen.

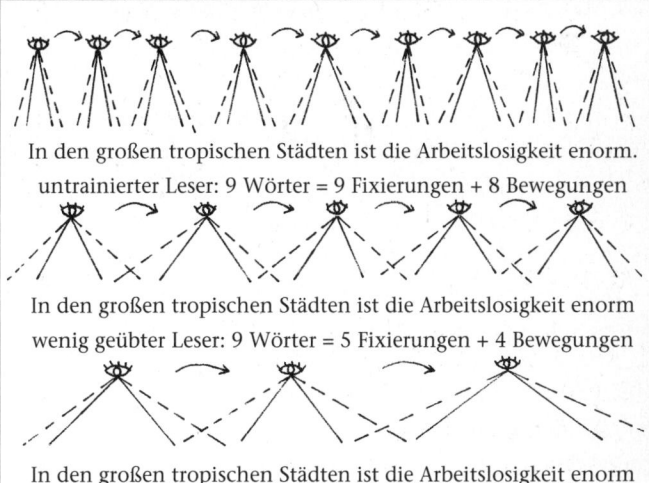

In den großen tropischen Städten ist die Arbeitslosigkeit enorm.
untrainierter Leser: 9 Wörter = 9 Fixierungen + 8 Bewegungen

In den großen tropischen Städten ist die Arbeitslosigkeit enorm
wenig geübter Leser: 9 Wörter = 5 Fixierungen + 4 Bewegungen

In den großen tropischen Städten ist die Arbeitslosigkeit enorm
geübter Leser: 9 Wörter = 3 Fixierungen + 2 Bewegungen*

Ein weites Gesichtsfeld macht das Lesen ebenso wie das Verstehen leichter.

Wenn man seinen Sichtwinkel trainiert, vermindert man die Anzahl der Ruckbewegungen, die ja – wie wir wissen – verlorene Zeit sind; man erhöht damit also seine Lesegeschwindigkeit und verbessert auch sein Verstehen. Ein Leser, der eine größere Zahl von Elementen auf einmal erfasst, hat nicht mehr isolierte Teile vor sich, die ihm nur wenige Informationen liefern (eine Silbe, einen Artikel), sondern sinntragende Elemente, die ihn leichter den gesamten Gehalt der Information erfassen lassen.

* Die durchgezogenen Striche stellen die foveale Sicht dar, die gestrichelten die Randzonensicht.

So muss in dem oben gegebenen Beispiel der Leser, der nur wenige Zeichen auf einmal fixiert, um den Satz zu verstehen, neun Informationen miteinander kombinieren. Der Leser aber, der viele Zeichen mit einem Blick erfasst, braucht nur drei Informationen zusammenzubringen; dadurch wird das Verstehen erleichtert.

Zusammenfassung
➤ Vermeiden Sie unnötige Augenbewegungen.
➤ Kommen Sie vom groben Überblick zur Gesamtsicht.

Wie kommt man vom groben Überblick zur Gesamtsicht? Das folgende Übungsangebot wird Sie darauf vorbereiten. Das allerwichtigste dabei ist, dass Ihnen die Bedeutung dessen, was Sie tun, bewusst geworden ist; andernfalls wird Ihnen das limbische System, das die zentrierte, genauere Sicht bevorzugt, die ihm verlässlicher scheint, einen Strich durch die Rechnung machen.

Trainingsaufgaben

Ziel: Das Gesichtsfeld besser nutzen.

Übung 1
Lesen Sie schnell die beiden Reihen von Begriffen, um die Wörter oder Gruppen von Wörtern zu erkennen,
• die ein Fachgebiet benennen (im Sinne von Wissensgebieten);
• die sich auf das Wetter beziehen.

Achtung! Richten Sie Ihren Blick auf die Stelle, an der sich der Strich befindet, und nehmen Sie die Wortgruppe auf einmal auf.

Stoppuhr drücken!
(Zwischen sieben und 28 Buchstaben)

sitzen bleiben	draußen
zwanzig Etagen	Einbahnstraße
die Konferenz	die Geographie
eine Meldung	die Republik
aus diesem Grund	Badezimmer
die Literatur	die Philosophie
ohne Aufzug	die Elektronik
die Psychologie	eine Verabredung
seinen Weg wählen	ein heißer Sommer
ein traumhaftes Leben	freier Eintritt
Privateigentum	stützendes Argument
der Straßenverkehr	die niedrigen Löhne
eine Anwendungsart	eine doppelte Ration
die öffentliche Dienstleistung	Multiplikation
die Mathematik	die nahen Vororte
gewohnt sein	ein Presseartikel
ein Hagelschauer	ein verregneter Herbst
dichter Nebel	säen, um zu ernten
Wohnung zu vermieten	Kultusministerium
eine Großmacht	ein Nylonhemd

Stoppuhr drücken!

Zeitaufwand: ....   Zahl der richtigen Antworten: ....

Übung 2

Finden Sie die Wörter oder Gruppen von Wörtern heraus,
- die unter »Wirtschaftliches und soziales Leben« fallen;
- die sich auf das Lesen beziehen.

Stoppuhr drücken!
(Zwischen sieben und 30 Buchstaben)

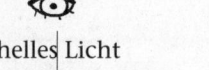

helles Licht	horchen
bezahlter Urlaub	ein Maisfeld
für die Öffentlichkeit zugänglich	Dollarabschwung
zurückblättern	eine Bibliographie
Solarenergie	die linke Gehirnhälfte
Schieferdach	eine eiskalte Dusche
Achtung Bauarbeiten	ein Seidentuch
Totenstille	ein Segelschiff
salzlose Diät	ein Regisseur
Sozialversicherung	ein Personalausweis
Wärmepumpe	ein volles Programm
Rechtswissenschaften	welkes Laub
ein fesselnder Roman	ein Reisebüro
eine Filmvorführung	ein Klassensprecher
Arbeitslohn	Streik im Verkehrswesen
Sonnenbrille	eine aufregende Reise
Radiosendung	eine kurze Reiseroute
Krankenversicherung	eine geglückte Operation
feiner Sandstrand	Kindergeld
elektrisches Heizgerät	Inhaltsverzeichnis

Stoppuhr drücken!

Zeitaufwand: ....   Zahl der richtigen Antworten: ....

Übung 3

Nehmen Sie das Skript oder das Buch zur Hand, das Sie während des Tages lesen wollen.

Beginnen Sie jede Zeile, indem Sie Ihren Blick auf das zweite Wort und nicht auf das erste lenken. Ebenso stoppen Sie Ihren Blick beim vorletzten Wort. Wie Sie wissen, umfasst Ihr Blick eine bestimmte Anzahl von Buchstaben rechts und links von dem fixierten Punkt; Sie werden also auch das erste und das letzte Wort sehen, jedoch mit weniger Stopps.

Denken Sie immer daran, und gehen Sie nach dieser Methode vor, wenn Sie etwas lesen.

Übung 4

Vorbereitung

1. Nehmen Sie ein Buch zur Hand, das Ihnen gehört, das Ihnen jedoch nicht sehr am Herzen liegt. Wählen Sie einen Text aus, bei dem die Zeilenlänge ziemlich gleich ist und der nicht durch Bilder unterbrochen ist.

2. Wählen Sie willkürlich vier Zeilen aus und zählen Sie die Buchstaben jeder Zeile.

3. Teilen Sie die Zeile in zwei, drei oder vier Teile, indem Sie nach jedem dritten Wort mit dem Bleistift einen dünnen Strich ziehen (oder auch nach mehr Wörtern, je nach der Lesefähigkeit, die Sie in Übung 1 und 2 erreicht haben).

4. In der Mitte eines jeden aus drei oder vier Wörtern bestehenden Teils ziehen Sie einen Strich, den Sie bis zum Ende der Seite oder des Textes durchziehen.

Eines der grundlegenden
und auch schwierigsten
Dinge, die jedes menschliche Wesen lernen muss, ist
es, sich selbst zu erkennen
und zu wissen, wie sich die
anderen benehmen. Das
bedeutet, dass es lernen
muß, genau vorherzuse-
hen, wie es selbst und wie
sich die anderen verhalten
werden.

Aufgabe

1. Lesen Sie den vorbereiteten Text und heften Sie dabei Ihren
   Blick auf die Striche, sodass Sie mit einem Blick den durch
   den Strich markierten Textteil erfassen.
2. Am Ende Ihrer Lektüre versuchen Sie, den Inhalt des Textes
   wiederzugeben.

Übung 5

- Machen Sie die Übung noch einmal, aber dabei muss jede
  Zeile ein Wort mehr enthalten.
- Machen Sie diese Übung mit mehreren Texten und setzen Sie
  sich als Ziel, vier oder fünf Wörter mit einer visuellen Fixierung zu umfassen. Behalten Sie dieses Intervall bei Ihrem weiteren Lesen bei, auch wenn Sie den Text nicht mehr materi-
  ell durch Striche vorbereiten.

Wenn diese Vorgehensweise Ihren Gewohnheiten total widerspricht, halten Sie dennoch daran fest und sagen Sie sich immer wieder, dass der Erfolg der Lohn ist. Schon bald wird Ihnen das Lesen mit Fixieren in Fleisch und Blut übergehen.

Das Auge auf Beweglichkeit trainieren

Die Augenbeweglichkeit

Die Untersuchungen über das Funktionieren des Auges beim Lesen haben in erster Linie zwei Besonderheiten des guten Lesers nachgewiesen:

- er nutzt sein Gesichtsfeld voll aus (siehe hierzu auch das vorangegangene Kapitel);
- er hat kürzere Fixierungszeiten, und zwar in der Größenordnung von 100 bis 200 Tausendstelsekunden.

Der weniger geübte Leser dagegen verweilt eher länger auf den einzelnen Wörtern: Seine Augen wandern nicht schnell von einem Punkt zum anderen.

Das Ziel dieses Kapitels ist es, die Mobilität Ihrer Augen zu entwickeln, um die Dauer des Fixierens zu reduzieren.

Geführtes Lesen

Bevor wir zu einer Übung kommen, machen Sie einmal diesen kleinen Versuch:

Erster Schritt:

Bitten Sie einen Freund, mit seinem Blick langsam einem unsichtbaren Kreis zu folgen, und beobachten Sie ihn dabei. Was stellen Sie fest? Der Weg des Auges beschreibt offensichtlich keinen Kreis ...[4]

Zweiter Schritt:

Bitten Sie einen Freund, mit dem Blick einem Kreis zu folgen, den Sie mit dem Zeigefinger in die Luft zeichnen. Dieses Mal kann man den Weg des Blickes sehr wohl als Kreis bezeichnen. Woher kommt dieser Unterschied? Im ersten Fall bewegen sich die Augen ohne materiellen Bezugspunkt; im zweiten werden sie von Ihrem Finger geführt, und aus dieser Tatsache heraus haben sie viel mehr Vertrauen. So ist es auch beim Lesen: In Ihrer Kindheit sind Sie vielleicht dem Text mit Ihrem Finger gefolgt, aber die Erwachsenen haben Sie davon überzeugt, dass das eine schlechte Angewohnheit sei, und Sie haben sie sich abgewöhnt. In Wirklichkeit aber führt dieser Finger tatsächlich beim Lesen und macht es leichter. Das Lesen wird dadurch nicht nur nicht verlangsamt, vielmehr erweist sich dieses Führen als gutes Mittel, das Lesen zu beschleunigen. Sie brauchen ihn nur von Mal zu Mal schneller zu bewegen. Sie können auch einen Bleistift (umgedreht) oder einen Kugelschreiber benutzen: Ihr Vorangehen wird entspannter sein und Ihr Geist auch.

Zusammenfassung
➤ geführtes Lesen geht schneller: Es verringert die Zeit des Fixierens des Auges.

Trainingsaufgaben

Ziel: Visuelle Mobilität trainieren.

Übung 1

1. Nehmen Sie sich ein leicht zu lesendes Buch und achten Sie darauf, dass die Zeilen nicht mehr als acht oder neun Wör-

ter umfassen (ein Taschenbuch ist beispielsweise gut geeignet). Nehmen Sie dann einen »visuellen Führer« zur Hand.

2. Lesen Sie den Anfang und das Ende jeder Zeile, also etwa das zweite und das vorletzte Wort. Gehen Sie von einer Zeile zur nächsten, ohne anzuhalten oder zurückzugehen. Am Anfang werden Sie wohl kaum etwas von dem verstehen, was Sie lesen, aber nach und nach wird es Ihnen gelingen, etwas vom Inhalt zu begreifen. Das Gehirn wird, wie es seine Art ist, das fehlende ergänzen.

Übung 2

1. Nehmen Sie eine Zeitschrift, eine Zeitung oder irgendeinen Text, der aus engen Spalten besteht.
2. Lesen Sie den Titel und die Zeilen, die vor dem eigentlichen Text stehen. Worum geht es? Versuchen Sie den Inhalt des Textes zu erraten.
3. Richten Sie Ihren Blick auf die Mitte der Spalte und gehen Sie mit einer schnellen und gleichmäßigen Bewegung von einer Zeile zur anderen, wobei Sie nur einmal pro Zeile anhalten.

Wenn es Ihren Augen schwer fällt, diesem Rhythmus zu folgen, benutzen Sie eine Maske. Zu diesem Zweck schneiden Sie ein Fenster in ein Stück Karton (eine Karteikarte, eine Visitenkarte), in der Länge und Breite einer Zeile. Dann lassen Sie diese Maske von Zeile zu Zeile nach unten gleiten und nehmen Sie das, was in dem Fenster auftaucht, mit einem Blick, der auf die Mitte gerichtet ist, wahr.

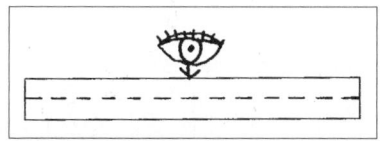

Auch dabei werden Sie am Anfang Schwierigkeiten haben, das ist normal. Es wird Ihnen aber schnell klar werden, dass diese Vorgehensweise beim Lesen von Presseartikeln, die für Sie nicht besonders wichtig sind, sehr vorteilhaft ist. Es ist sehr wahrscheinlich, dass Sie den Sinn des gesamten Artikels erfassen.

Wie ist das möglich? Ihr Geist wurde durch das Lesen des Titels und der zusammenfassenden Zeilen am Anfang des Artikels aufmerksam gemacht und ist nun bereit, vorauszuahnen. Wenn Sie nun zu dieser erhöhten geistigen Bereitschaft noch die Funktion Ihrer Randzonensicht hinzunehmen, nämlich dass durch sie Dinge wahrgenommen werden, die nicht bewusst gesehen werden, verstehen Sie, dass dieses Phänomen eigentlich gar nichts Erstaunliches hat: es entspricht genau dem, was Sie über die intellektuellen und visuellen Funktionen gelernt haben. Das Auge steht im Dienst der Intelligenz. Man muss ihm und seinen Fähigkeiten nur vertrauen, das ist vielleicht das schwierigste.

Die Technik des dreifachen »Abtastens«, die wir im Baustein 2 (Seite 77) kennen lernen werden, wird die Arbeit vervollständigen, die wir in diesem Baustein begonnen haben.

Die Lesegeschwindigkeit steigern

Warum schnell lesen?

Die Antwort auf diese Frage ist einfach: Wenn Sie schnell lesen, werden Sie besser verstehen. Nehmen wir einmal das Beispiel des Lesers, der einen Satz mit fünfzehn oder mehr Wörtern – was häufig vorkommt – vor sich hat. Wenn er langsam liest, riskiert er – wenn er am Ende des Satzes ankommt –, sich nicht mehr an den Anfang zu erinnern und so auch den Sinn nicht zu erfassen. Ähnlich wie ein Radfahrer mit einer bestimmten Geschwindigkeit fahren muss, um das Gleichgewicht zu halten, muss auch der Leser eine bestimmte Geschwindigkeit einhalten, um dem Inhalt ohne Schwierigkeiten folgen zu können (250 Wörter mindestens pro Minute). Darüber hinaus ist es entgegen der weit verbreiteten Ansicht erwiesen, dass der schnelle Leser den gelesenen Text besser behält.

Die Geschwindigkeit ist umso wichtiger, je mehr die Lesemenge zunimmt. Im Gymnasium umfassen die Tätigkeiten, die man als Lesetätigkeit einstufen würde, nur kurze Texte mit etwa 30 Zeilen. Der Leser gewöhnt sich dadurch daran, langsam, Wort für Wort zu lesen und rückwärts zu gehen. Wenn der Schüler aber dann an die Universität kommt, muss er viel mehr und viel längere Texte lesen. Es ist daher unverzichtbar, sich eine schnellere Gangart beim Lesen anzueignen.

In seinen Anregungen für die Erziehung (»Propos sur l´éducation«) schreibt der Philosoph Alain: »Von allen geistigen Vorgängen, die von Mechanismen abhängen, sollte man der Geschwindigkeit den ersten Platz einräumen.« Und weiter unten, als er vom langsamen Leser spricht, fügt er hinzu: »Sie lesen wie sie graben, eine Erdscholle nach der anderen, und der ganze Geist ist auf das Einstechen des Spatens konzentriert.«

Wer schnell kann, kann es auch langsam

Schnell lesen können, versetzt auch sehr wohl in die Lage, langsam zu lesen, wenn es zum eigenen Vergnügen geschieht. Wer die Schnelligkeit beherrscht, kann seine Geschwindigkeit auch verlangsamen, umgekehrt jedoch ist das nicht möglich. Man sollte also die Wahl haben. Aber leider bereitet uns die schulische Ausbildung, bis auf wenige Ausnahmen, nur auf eine Art zu lesen vor.[5]

Übereilen Sie nichts

Schnelligkeit und Verstehen gehen beim Lesen Hand in Hand. Aber Achtung: Gehen Sie nicht zu hastig vor. Lesen Sie so schnell es geht, aber sobald Sie bemerken, dass Ihre Aufmerksamkeit nachlässt, verringern Sie die Geschwindigkeit. Einige Zeit später können Sie, wenn Sie schon ein wenig geübt sind, wieder etwas zulegen, ohne dass es der Qualität des Lesens Abbruch tut. Hier müssen Sie Ihre Marschgeschwindigkeit je nach Ihrer Lernphase selbst finden.

Planen Sie Ihren Weg

Im einführenden Baustein haben wir gesehen, wie wichtig es ist, sich Ziele zu setzen. Aus den Tests am Anfang kennen Sie Ihre Lesegeschwindigkeit und Ihren persönlichen Verstehensgrad. Es fällt Ihnen daher leicht, Ihre Fortschritte kurz- und langfristig zu planen.

Kurzfristig können Sie sich zum Ziel setzen, Ihre Lesegeschwindigkeit bei jedem Üben um zehn oder 20 Wörter pro Minute zu steigern. Sie sind sich bewusst, dass Erfolge, auch bescheidene, Sie in einen Zustand versetzen, der den Erfolg fördert.

Langfristig nehmen Sie sich vor, von 250 auf 350 Wörter pro Minute zu kommen, zum Beispiel innerhalb eines Monats, und danach auf 450 zum nächsten Termin. Alles hängt natürlich von Ihrem Ausgangspunkt ab, aber es wäre gut, wenn Sie am Ende Ihres Trainings bei 600 ankommen würden. Es können natürlich auch weitaus mehr sein.

Übertragen Sie Ihre Ergebnisse in eine Grafik, wie Sie auf Seite 60 vorgeschlagen wird; dadurch wird Ihre linke Gehirnhälfte Ihren Fortschritt visuell erfassen.

Wie schätzt man nun in der Praxis die Länge eines Textes ein? Es genügt, wenn Sie die Anzahl der Wörter einer Zeile zählen (nehmen Sie nicht die erste, lieber die zweite oder dritte), dann die Anzahl der Zeilen pro Seite und sie dann miteinander multiplizieren. So werden Sie annähernd die Zahl der Wörter erhalten und können dann auch außerhalb der Übungen dieses Buches trainieren.

Schlüssel zum schnellen Lesen

Die Übungen der vorangegangenen Abschnitte haben Ihre Geschwindigkeit schon gesteigert. Dieses Kapitel nun ist etwas anders aufgebaut und bietet keine speziellen Übungen an, sondern erklärt Ihnen, wie Sie Ihre Geschwindigkeit beachtlich steigern können.

Lesen Sie mit den Augen

Sie alle haben lesen gelernt, indem Sie laut vorgelesen haben. Vielleicht machen Sie das durch den Einfluss des limbischen Systems auch heute noch, indem Sie zum Beispiel die Lippen beim Lesen bewegen oder auch die Worte aussprechen, wenn kein Zuhörer in der Nähe ist.

Diese Gewohnheit verlangsamt die Lesegeschwindigkeit enorm. Anhand der beiden folgenden Fragen können Sie auch beantworten, warum das so ist:

- Können Sie die beiden Wörter »ein Buch« auf einen Schlag sehen?
- Können Sie die beiden Wörter auf einmal aussprechen?

Was schließen Sie daraus? Wenn man zwei Wörter oder auch sehr viel mehr Wörter mit einem Mal sehen kann, sie aber in zwei oder mehreren Malen aussprechen muss, ist klar, dass man sehr viel schneller ist, wenn man sich nur der Augen bedient. Tatsächlich bremst das Aussprechen das Weitergehen, denn es zwingt zum Wort-für-Wort-Lesen. In diesem Zusammenhang sind zwei Zahlen von Bedeutung. Der stille Leser schafft in einer Stunde etwa 27 000 Wörter; derjenige, der laut liest, kommt kaum über 9 000, also dreimal weniger.

Und wenn Sie ein auditiver Typ sind? Seien Sie beruhigt, das visuelle Lesen steht nicht im Widerspruch zu Ihrer bevorzugten Denkart. Es stimmt, dass Sie, um eine Botschaft aufzunehmen, einen lautlichen Reiz brauchen. Aber dieser lautliche Reiz hat nichts mit lautem Lesen zu tun, das den ganzen Mund- und Rachenraum beansprucht.

In Ihrem Fall trägt die Vokalisierung zum besseren Behalten bei, und Sie können während des Lernens Schlüsselelemente des Stoffes wie etwa Titel, Untertitel, Zusammenfassungen (vielleicht selbst verfasste?) laut lesen.

Wie können Sie feststellen, ob Sie leise mitsprechen, wenn Sie lesen?

- Legen Sie einen Finger auf den Mund: Bewegen sich Ihre Lippen?
- Drücken Sie sanft mit dem Zeigefinger auf Ihre Kehle: Bewegt sich Ihr Kehlkopf?

Wenn Sie feststellen, dass sich Ihre Lippen oder Ihr Kehlkopf bewegen, üben Sie, nur mit den Augen zu lesen. Überprüfen Sie ab und zu mit einer der beiden Methoden, dass Sie wirklich nur mit den Augen lesen.

Einfach weiterlesen

Untersuchungen haben gezeigt, dass der Blick des geübten Lesers gleichmäßig ohne Zögern entlang der Zeile eines Textes voranschreitet, während der Blick des wenig trainierten Lesers sprunghaft vorwärts geht, häufig wieder zurückgeht und damit ein gleichmäßiges Weiterlesen unterbricht. Die Gewohnheit, zurückzugehen, um ein Wort oder einen Satz noch einmal zu lesen, verlangsamt das Lesen. Das Auge verliert Zeit beim Zurückgehen und anschließend beim Wiederfinden der Stelle, an der es angehalten hatte.

In der Mehrzahl der Fälle ist das Zurückgehen überflüssig. Wenn Sie auf ein unbekanntes Wort stoßen, ist es beim ersten Mal besser, weiterzugehen. Meistens wird durch das, was folgt, der Sinn dessen, was unbekannt erschien, deutlich. Auch behält man viel einfacher das, was man liest, wenn man sich einen schnellen und knappen Gesamtüberblick verschafft, als wenn man seine Lektüre an unpassender Stelle unterbricht, um etwas zu klären. Um sich davon zu überzeugen, machen Sie doch bitte eine kleine Übung.

Lesen Sie eine Seite, einen Text, ein Kapitel, ohne anzuhalten, auch wenn Schwierigkeiten auftauchen. Decken Sie den Text ab und versuchen Sie, seinen Inhalt wiederzugeben. Bestimmt werden Sie feststellen, dass Sie alles ebenso gut verstanden haben oder vielleicht sogar besser, wenn Sie auf die beschriebene Art vorgehen.

In Wirklichkeit geschieht das Zurückgehen beim Lesen, das viele Leser praktizieren, aus einem Gefühl der Angst, aus Mangel an Vertrauen. Wenn Sie sich durch die vorangegangene Übung haben davon überzeugen können, dass das Zurückgehen nicht konstruktiv ist, haben Sie die Partie gewonnen. Sie werden Ihre Lesegeschwindigkeit innerhalb weniger Wochen beachtlich steigern.

Wenn allerdings das Zurückgehen bei Ihnen derart verfestigt ist, dass Sie es ganz automatisch vollziehen, benutzen Sie vorsorglich ein Lineal oder ein Blatt Papier und decken Sie die Zeilen ab, wenn Sie sie gelesen haben.

Achten Sie auf Ihre Uhr

Auch aus einem anderen Grund geht man im Text wieder zurück – bei mangelnder Konzentration. Sie denken an etwas anderes, verlieren den Faden und gehen dann wieder ein Stück zurück. Eine einfache aber wirksame Methode, Ihre Konzentration beim Lesen aufrechtzuerhalten, ist es, auf Ihre Uhr zu schauen. Schätzen Sie vorher die notwendige Zeit ab, die Sie für die eine oder andere Lektüre benötigen, und achten sie dann darauf, dass Sie die Zeit dann auch wirklich nicht überschreiten. Eine begrenzte Zeit wird optimal genutzt: Sie stärkt Ihre Aufmerksamkeit.

Grafik der Fortschritte (großformatig herstellen)

Geschwindigkeit in Anzahl der Wörter pro Minute

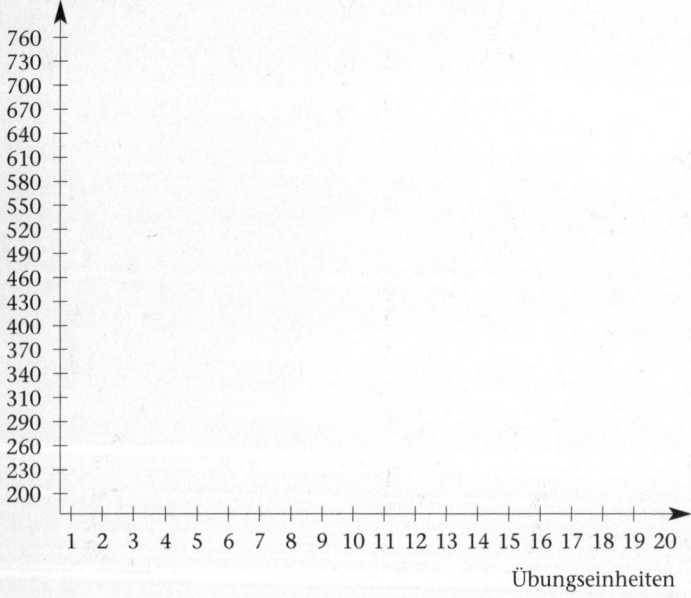

Übungseinheiten

Der Baustein als Schema

Schema 1: Drei Leserprofile

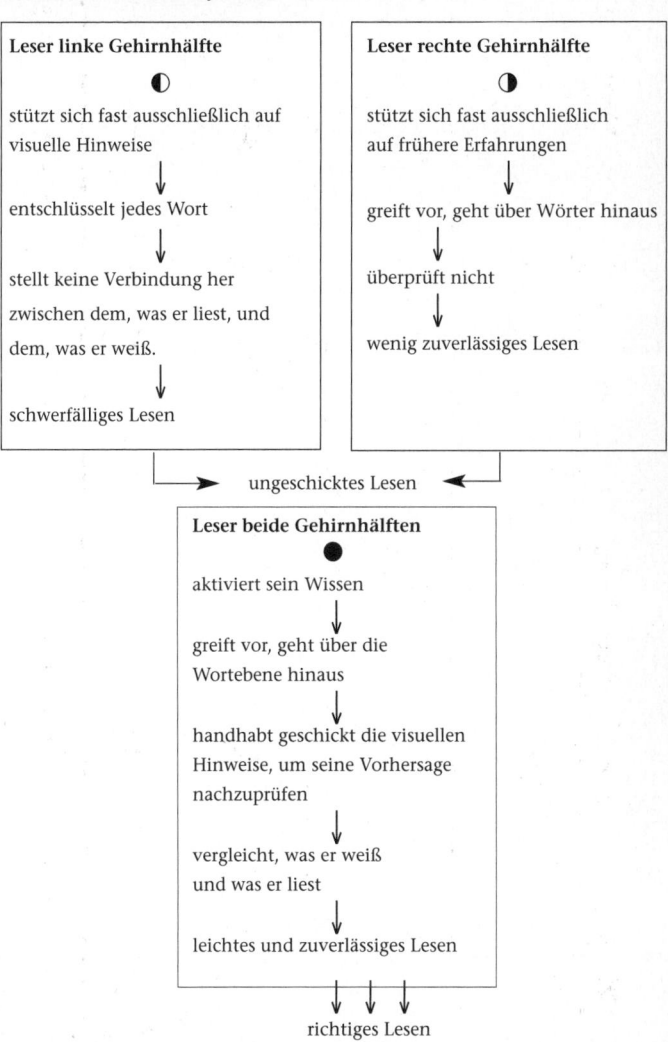

Leser linke Gehirnhälfte

stützt sich fast ausschließlich auf visuelle Hinweise

↓

entschlüsselt jedes Wort

↓

stellt keine Verbindung her zwischen dem, was er liest, und dem, was er weiß.

↓

schwerfälliges Lesen

Leser rechte Gehirnhälfte

stützt sich fast ausschließlich auf frühere Erfahrungen

↓

greift vor, geht über Wörter hinaus

↓

überprüft nicht

↓

wenig zuverlässiges Lesen

→ ungeschicktes Lesen ←

Leser beide Gehirnhälften

aktiviert sein Wissen

↓

greift vor, geht über die Wortebene hinaus

↓

handhabt geschickt die visuellen Hinweise, um seine Vorhersage nachzuprüfen

↓

vergleicht, was er weiß und was er liest

↓

leichtes und zuverlässiges Lesen

↓ ↓ ↓

richtiges Lesen

Schema 2: Die Vorbereitungszeit zum Countdown

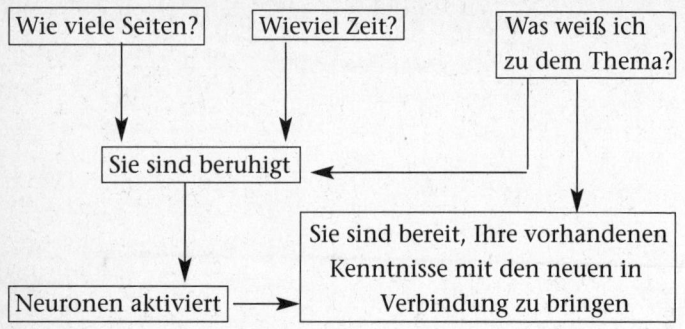

BAUSTEIN 2: DIE TECHNIKEN DES SELEKTIVEN LESENS

- Sie stehen vor einem beeindruckend großen Berg von Büchern oder Veröffentlichungen. Sie möchten aus diesen Unterlagen diejenigen herausfinden, die dem Thema oder dem Problem entsprechen, das Sie behandeln wollen. Wie gehen Sie vor?
- Danach wollen Sie aus den ausgewählten Werken den oder die Artikel ohne langes Suchen herausfinden, die auf Ihr Vorhaben passen. Wie gehen Sie vor?
- Schließlich wollen Sie schnell und wirksam eine Anzahl von Informationen entnehmen und verwerten. Wie gehen Sie geradewegs auf Ihr Ziel zu?

Um auf diese drei Fragen Antworten zu geben, wurde dieser Baustein entwickelt. Sie werden Ihre Suchmethoden verfeinern und neue entdecken.

Analyse

Warum einen Text analysieren?
Die Technik ermöglicht es einerseits, den Inhalt eines Buches oder Textes zu erkennen, ohne den ganzen Text von A bis Z zu lesen, andererseits, sich innerhalb des Werkes zu orientieren und die Abschnitte herauszufinden, die am Besten zum Thema passen.

Wie macht man das?

Bevor Sie sich nun mit den Techniken befassen, die angewendet werden sollten, machen Sie eine kleine Vorübung. Nehmen Sie sich drei oder vier Werke, möglichst keine Romane oder Erzählungen. Betrachten Sie sie nach dem vorgeschlagenen Schema.

- Welche Hinweise geben die beiden Umschlag- oder Einbandseiten?
- Was finden Sie vor dem ersten und letzten Kapitel?
- Welche Rolle spielen diese peripheren Elemente des Buches?
- Wie sind sie angeordnet?
- Schlagen Sie dann ein Kapitel auf und blättern es durch; dabei konzentrieren Sie sich auf die Teile, die durch die Typografie hervorgehoben werden. Welche Teile sind das?

Wenn Sie diese Übung gemacht haben, werden Sie von den Wegen, die ich Ihnen jetzt vorschlagen werde, besser profitieren können.

Ein Buch auswählen und darin die zutreffenden Abschnitte schnell ausfindig machen
Schauen Sie sich den Titel genau an
Er sagt schon viel über den Inhalt aus.

Lesen Sie, was auf Titelseite und den beiden Umschlagseiten steht
Neben dem Titel geben Ihnen auch diese Seiten wertvolle Hinweise.

- Sie nennen den Namen des Autors: Was macht er, wer ist er, ist er kompetent (hat das Thema des Buches etwas mit seinem Beruf zu tun)?
- Sie nennen die Reihe, zu der das Buch gehört. Die Werke einer Reihe bilden eine Einheit. Haben Sie schon andere Werke aus der Reihe gelesen?

- Die letzte Seite des Einbandes enthält oft eine knappe Inhaltsangabe des Buches, eine Vorstellung des Themas und der
  Intention des Autors.

Prüfen Sie das Datum der Veröffentlichung

Versuchen Sie immer auf die neuesten Quellen zurückzugreifen.
Für aktuelle Themen ziehen Sie auch stets Zeitschriften oder andere regelmäßig erscheinende Veröffentlichungen hinzu. Dadurch sind Sie immer auf dem neuesten Stand.

Überfliegen Sie Vorwort und Einleitung

In der Einleitung (auch Einführung genannt) erläutert der Autor, welche Ziele er mit seinem Werk verfolgt. Das Vorwort dient
auch diesem Zweck, ist aber manchmal von einer anderen Person und nicht vom Autor des Buches verfasst.

Überfliegen Sie das Nachwort (den Schluss, die Zusammenfassung)

Das Nachwort enthält die Schlussfolgerung des Buches; der Autor zieht sein Fazit. Sie bekommen einen Überblick über den gesamten Ablauf des Buches.

Lesen Sie in dem im Werk enthaltenen Hilfsmitteln nach

Sach- oder Stichwortverzeichnisse und Inhaltsverzeichnisse
sind die Schlüssel zum Buch. Sie informieren Sie und bewahren
Sie davor, wahllos herumzusuchen.

Überfliegen Sie die strategisch wichtigen Stellen

Wenn Sie das Buch oder die Zeitschrift auf den Seiten aufge-
schlagen vor sich liegen haben, die Sie als interessant für Ihr Anliegen einstufen, ist es nicht unbedingt erforderlich, diese Seiten auch von der ersten bis zur letzten Zeile genau zu lesen. Sie
können sich auch anders ein Bild von ihrem Inhalt machen.
Wie?

- Indem Sie zuerst Anfang und Ende des Artikels oder Kapitels lesen. Dort werden Sie Hinweise auf die behandelten Punkte und sehr oft auch eine Zusammenfassung finden. In einer wissenschaftlichen Zeitschrift steht die Zusammenfassung (oder der Abriss) vor dem Artikel selbst.
- Indem Sie sich Titel und Untertitel ansehen: Sie stellen Ihnen die Gedanken, die in dem Abschnitt behandelt werden, vor. Sie können so die für Ihre Arbeit nicht nützlichen Passagen überspringen.
- Indem Sie sich die Illustrationen und deren Legende ansehen.
- Indem Sie auf Unterstreichungen, Kursivierungen und Fettdruck achten.

Lesen Sie einige Abschnitte

Lesen Sie einige willkürlich herausgegriffene Zeilen in verschiedenen Abschnitten, um die Lesbarkeit des Buches festzustellen.

Werfen Sie einen Blick auf den Aufbau des Buches

Blättern Sie schnell durch das Buch: Wie ist es aufgebaut? Ist seine Aufmachung klar? Sind die unterschiedlichen Teile der Kapitel deutlich voneinander abgegrenzt?

Die hier dargestellte Methode lässt sich auf alle Arten von geschriebenen Dokumenten anwenden. (Presseartikel eignen sich auch gut für eine andere Technik, das Filtern, das wir im nächsten Kapitel erläutern.) Büchern oder Passagen, die für Sie von Bedeutung sind und die Sie durch eine schnelle, selektive Lektüre ausgewählt haben, werden Sie ein vollständiges und vertieftes Lesen vorbehalten (siehe folgenden Baustein). Dazu wird Ihnen dann auch mehr Zeit zur Verfügung stehen. Diese Vorgehensweise ist sehr viel effektiver, als mit gleicher Intensität alles zu lesen, und ist auch vorteilhafter vom Einsatz her, denn der Leser »zähmt« sozusagen den Text, macht ihn zugänglicher. Er befindet sich nicht mehr vor einem undurchdringlichen Dickicht, sondern hat Wegmarkierungen, die ihm den Weg weisen.

Trainingsaufgaben

Ziel: In der Lage sein, den Inhalt eines Werkes schnell herauszufinden.

Nehmen Sie ein Fachbuch zur Hand. Am besten wählen Sie ein Werk, das auch für Ihr Studium nützlich ist, denn dadurch sind Sie besser motiviert. Sie haben zehn Minuten Zeit, sich mit dem Werk vertraut zu machen:

- schauen Sie die erste und letzte Umschlagseite an;
- überfliegen Sie Vorwort und Einleitung;
- überfliegen Sie Schluss und Nachwort;
- werfen Sie einen Blick auf das Inhaltsverzeichnis;
- blättern Sie das Buch durch;
- lesen Sie den Anfang und das Ende des ersten und letzten Kapitels;
- lesen Sie einige zufällig ausgewählte Zeilen.

Ausgehend von den dabei gesammelten Informationen tun Sie so, als ob Sie einem anderen Studenten das Buch vorstellen wollten. Denken Sie dabei daran, unbedingt folgende Punkte anzusprechen:

- die Herkunft des Buches;
- den Inhalt des Buches, die Art seines Aufbaus, die Sprache und den Stil des Autors;
- den angesprochenen Leserkreis.

Wiederholen Sie die Übung mit anderen Büchern und lassen Sie sich dabei nur noch fünf statt zehn Minuten Zeit. Sie werden schnell feststellen, dass Sie auf diese Weise schon einen guten Überblick über die Bücher bekommen. Sie können damit Ihre Lektüre bewusst auswählen, ohne von der Menge erdrückt zu werden.

Das Wichtigste herausfiltern

Das Ziel des filternden Lesens ist ähnlich wie das der Analyse: Den Hauptgedankengang herausfinden, ohne den Text komplett zu lesen. Aber diese Technik ist geeigneter für kurze Texte, insbesondere für Presseartikel. Um den Vorteil dieses Vorgehens zu erkennen, machen Sie bitte die folgende Übung.

Trainingsaufgaben

Ziel: Entdecken Sie die Technik des Filterns.

Erster Teil:
1. Lesen Sie die Überschrift und den Untertitel des folgenden Textes.
2. Lesen Sie den ersten Absatz ganz.
3. Lesen Sie sofort danach den letzten Absatz.
4. Lesen Sie die Zwischenüberschriften.
5. Lesen Sie jeweils den Anfang der anderen Abschnitte.
6. Decken Sie den Text ab und schreiben Sie die Gedanken auf, die Ihnen am Ende dieses teilweisen Lesens über den Textinhalt gekommen sind.

Zweiter Teil:
1. Lesen Sie nun den ganzen Text, vom ersten bis zum letzten Wort.
2. Decken Sie den Text ab und schreiben Sie die Gedanken auf, die Ihnen am Ende dieser kompletten Lektüre über den Textinhalt gekommen sind.

Dritter Teil:
Vergleichen Sie die Ergebnisse der beiden Arten, einen Text zu lesen.

Das Leben in drei Abschnitten.
Aktive gegen Inaktive: Auf dem Weg zu einer dualen Gesellschaft?

Eine grundlegende Umgestaltung der Lebenszeit ist unbedingt erforderlich, um den Ausbruch eines Konfliktes zwischen den sozialen Gruppen zu verhindern.

Die Dauer der Lebensarbeitszeit verringert sich, während unsere Lebenserwartung zunimmt. Wir verfügen damit über immer mehr Zeit, die wir dem Freizeitvergnügen widmen können. Aber diese Freizeit ist während unseres Lebens und auch zwischen den einzelnen Menschen sehr ungleichmäßig verteilt. Sie ist so schlecht verteilt, dass man den Ausbruch großer Konflikte befürchten muss, da sich eine immer größere Zahl von Inaktiven jeden Alters und eine Minderheit, die einen Arbeitsplatz hat, gegenüberstehen. Es sei denn, es würde eine andere Verteilung der Zeit durchgesetzt, die eine radikale Änderung unserer Lebensweise mit sich bringen würde. Unser Leben heute ist auf seltsame Weise in drei gegeneinander fast hermetisch abgeriegelte Abschnitte unterteilt: Der erste ist der Ausbildung gewidmet, der zweite dem Arbeitsleben und der dritte der Rente. Wobei gerade zwei Phasen besonders prekär sind; eine davon ist der erstmalige Eintritt der

Jugendlichen ins Berufsleben, die andere der immer früher einsetzende und oft nicht genügend durchdachte vorgezogene Eintritt in den Ruhestand.

Eine grundlegende Änderung dieses dreigeteilten Lebens ist gerade angelaufen und wurde ausgelöst insbesondere durch die Ausdehnung der Zeiträume, die das aktive Berufsleben einrahmen: Die Lebensarbeitszeit schrumpft, während sich die Ausbildungszeiten und mehr noch die Zeit des Ruhestandes verlängern – beim Ruhestand heute schon auf mehr als zwanzig Jahre.

Unsere Bevölkerung teilt sich in zwei Kategorien: in die der Aktiven, die eine Arbeitsstelle haben und ihren Lebensunterhalt aus eigenen Einkünften bestreiten. Sie garantieren in erster Linie über Steuern und Sozialabgaben die Finanzierung des Systems der sozialen Sicherung. Und in die Inaktiven, die von der Arbeitswelt ausgeschlossen sind und in erster Linie von Renten, Arbeitslosengeld oder der Krankenversicherung leben. Zwischen diesen beiden Kategorien gibt es noch zwei Spezies besonderer Art: die Beamten, die über einen absolut sicheren Arbeitsplatz verfügen, und diejenigen, die wohl oder übel von allerlei Aushilfsjobs leben.

Frankreich im Jahr 2020: 15 Millionen ältere Menschen und 15 Prozent Arbeitslose

Ich befürchte stark, dass die Zahl der Inaktiven sich auf Grund unserer demographischen Entwicklung und einer ungünstigen Arbeitsmarktlage schnell erhöhen wird. Nach dem Zweiten Weltkrieg war es, wie jeder weiß, zum so genannten Babyboom gekommen, der die Zahl der Erwerbspersonen enorm erhöht hat – und das in einer für Arbeitsplätze wenig günstigen Zeit. Diese Kinder werden ab dem Jahr 2005 das schicksalhafte Alter von sechzig Jahren erreichen und die Masse der älteren Menschen vergrößern. In Frankreich zählen heute schon 10,5 Millionen zu der Gruppe der älteren Menschen. Sie werden im Jahr 2000 zirka zwölf Millionen, im Jahr 2020 bereits 15 Mil-

lionen sein, also ungefähr ein Drittel der Bevölkerung ausmachen. Hinzu kommt, dass eine ganze Anzahl von Personen älter wird. Die beträchtlich höhere Lebenserwartung (heute für Frauen 80 und für Männer 72 Jahre) wurde erreicht durch die Verbesserung der Gesundheitspflege und der Vorsorge sowie durch die Fortschritte der Medizin.

Immer mehr »Alte« leben immer länger, immer mehr Ruhestand ist zu finanzieren und immer mehr Krankheitskosten zu übernehmen, denn am Ende des Lebens ist man häufiger krank. Die Errungenschaften der modernen Medizin sind teuer, und da wir nichts mit unseren Alten anzufangen wissen, werden sie verarztet bis zur Unwürdigkeit.

Das Älterwerden ist ebenso unabwendbar wie die sehr starke Zunahme der sich um einen Arbeitsplatz Bewerbenden. Die Kinder der noch geburtenstarken Jahrgänge der siebziger Jahre kommen jetzt auf den Arbeitsmarkt, und die Frauenerwerbstätigkeit nimmt zu. Das zu einem Zeitpunkt der immer stärker werdenden internationalen Konkurrenz, die das Produktionssystem unweigerlich dazu zwingen wird, eher in die Produktivität als in Arbeitsplätze zu investieren.

Darüber hinaus besteht die Gefahr, dass die durch die neuen Technologien geschaffenen Produktivitätssteigerungen zum weiteren Abbau von Beschäftigten führen werden, weil die Lohnkosten mit Alter und Betriebszugehörigkeit steigen. So werden die Aktiven wohl immer früher aufgefordert, die Arbeit aufzugeben, die Jungen – natürlich in geringerem Maße – veranlasst, ihre teure Ausbildung zu verlängern, die überzähligen Aktiven, in die Arbeitslosigkeit zu gehen, die in der Zeit von 1995 bis 2000 leicht 15 Prozent übersteigen könnte.

So konnte man in Frankreich an der Schwelle zum Jahr 2000 zwei inaktive Leistungsbezieher auf einen aktiv Beschäftigten zählen, und da erstere vor allem von den Abgaben der zweiten Gruppe leben, werden wir uns womöglich vor einem äußerst schwierigen Dilemma befinden: Entweder müssen Steuern und Sozialabgaben beträchtlich erhöht werden, um den wachsenden Bedürfnissen der immer zahlrei-

*cher werdenden Inaktiven begegnen zu können, wobei die Gefahr be-
steht, dem Produktionssystem eine zu schwere Last aufzubürden und
zur Steuerflucht bzw. zur Verlagerung der Arbeitsplätze anzureizen;
oder aber alle Leistungen an Inaktive und hier insbesondere an Ar-
beitslose und Rentner müssen gekürzt werden. Diese werden sich
zweifellos dagegen erheben, wenn ihnen Rechte genommen werden,
die sie rechtmäßig erworben zu haben glauben. Ich glaube nicht, dass
eine paradiesische Wiederbelebung des Wirtschaftswachstums in der
Lage wäre, dieses Ungleichgewicht zu beheben. Aber der Krieg der Ge-
nerationen ist kein unabwendbares Schicksal.*

*Glücklicherweise ist die Epoche durch die Erfindung von Maschinen
gekennzeichnet, die gleichzeitig Freizeit und Reichtum schaffen. Die
geringe Arbeitszeit, die in diesem Produktionssystem noch nötig ist,
der Reichtum und die Freizeit müssten nur besser verteilt werden, und
dabei müsste man darauf vertrauen können, dass die zur Verfügung
stehende freie Zeit in Arbeiten investiert wird, die keinen Geldwert
besitzen, aber von großem sozialen Nutzen sind.*

Reichtum und Zeit besser unter allen Bürgern verteilen

*Wenn wir schon nicht den Reichtum und die Zeit gleichmäßiger un-
ter unseren Mitbürgern verteilen wollen, so sollten wir das wenigstens
zwischen den Altersklassen tun, sodass man nicht mehr ausschließlich zur Schule oder zum ganztägigen Müßiggang oder zum Arbeiten
ohne Ausspannen verurteilt ist … Kurz gesagt, alle sollten im Wechsel an den unterschiedlichen Aktivitäten teilhaben können.*[6]

Das filternde Lesen

Der Vergleich Ihrer Notizen nach dem teilweisen und dem
ganzen Lesen hat Sie sicher feststellen lassen, dass das Lesen des
gesamten Textes es ermöglicht, mehr zusätzliche Informationen
und Details zu speichern, aber hinsichtlich der Hauptgedanken
und der vertretenen These nichts Neues bringt.

Man kann also daraus schließen, dass man sich die Lektüre des gesamten Textes sparen kann, wenn man nur einen groben Überblick haben oder entscheiden will, ob der Text zum Thema passt und ausgewählt werden sollte. Zu diesem Zweck ist es ausreichend, seine Aufmerksamkeit auf die Passagen zu konzentrieren, die die meisten Informationen enthalten.

Die Grundlagen

Das Prinzip dieser Technik beruht auf der Kenntnis des Textaufbaus. Sie besteht darin, neben den Überschriften auch die Schnittstellen zu lesen. Welche Stellen eines Textes sind nun solche Schnittstellen?

- Die Einleitung, die erklärt, worum es sich handeln wird und manchmal auch schon die Gliederung enthält; bei einem Presseartikel beinhaltet die Einleitung häufig einen Appell, der die Aufmerksamkeit wecken soll.

- Der Schluss, der die unterschiedlichen angesprochenen Punkte rekapituliert und das Wichtigste zusammenfasst.

- Der erste Satz von Abschnitten, der einen Überblick über das gibt, was folgen wird und der die verbindenden Elemente zum Vorangegangenen enthält.

- Der letzte Satz der Abschnitte in zwei ganz bestimmten Fällen. Erstens sollte man ihn lesen, wenn der Abschnitt besonders umfangreich oder gedankenreich ist, denn dieser Satz leitet zwischen dem Abschnitt, der zu Ende geht, und dem nächsten über. Zweitens ist es notwendig, ihn zu lesen, wenn der Abschnitt mit einem Beispiel oder einer Anekdote beginnt, dann nämlich enthält der letzte Satz den Hauptgedanken.

Abschnitte werden immer um einen Hauptgedanken herum angelegt und sind meist nach zwei Grundmustern aufgebaut. Bei einer *deduktiven* Gliederung geht der Autor von einem

Hauptgedanken aus, den er durch ergänzende Gedanken (Beispiele, Beweise, Argumente) erläutert. Bei der *induktiven* Gliederung dagegen beginnt er mit der Schilderung verschiedener Tatsachen, um erst am Ende zum Hauptgedanken als Schlussfolgerung der vorher angeführten Argumente und Thesen zu kommen.

Wenn Sie die Bücher und Texte ausgewählt haben, stellen Sie eine Bibliographie auf, um einerseits alle Quellen leicht wiederzufinden und sie andererseits auch richtig zitieren zu können: »Gebt dem Kaiser, was des Kaisers ist ...«

Trainingsaufgaben

Ziel: In der Lage sein, aus Titel und Kopf eines Artikels den Inhalt abzuleiten.

Übung 1

1. Es folgt der Titel und der Kopf eines Presseartikels. Lesen Sie sie und formulieren Sie, ausgehend von den enthaltenen Elementen, Fragen, auf die der Artikel Antwort geben könnte; anders ausgedrückt: Zeigen Sie die Problemstellung des Textes auf.

Die Bleikrankheit fordert weitere Opfer

Weil sie in ungesunden Wohnungen lebten, sind in Paris im Jahr 1985 zwei Kinder gestorben. Zwei Kinder, die man nicht rechtzeitig retten konnte, weil die Krankheit, die sie getötet hat, nur sehr schwer erkannt werden kann. Ihr Name ist Bleikrankheit, und sie ist eine richtige, schleichende »Epidemie«. Ausgangspunkt dieser Heimsuchung ist die Bleiweißfarbe.[7]

Falls Sie Schwierigkeiten mit dem Anfang haben, denken Sie an die Fragen, mit denen man ein Thema bearbeitet:

- Wer?
- Was (Tatsachen, Problem)?
- Wann (Datum, Epoche)?
- Wie (Mittel, Ablauf)?
- Wieviel (Mengen, Maße)?
- Warum (Ursachen, Gründe)?
- Welche Folgen?
- Welche Lösungen?

Sie können diese Fragen untereinander verbinden (warum, wo ...) und sie mit verschiedenen Präpositionen benutzen (mit wem, für wen ...).

2. Wenn Sie Ihre Fragen zusammengestellt haben, vergleichen Sie sie mit dem Text des Artikels auf Seite 132.

Sind einige Fragen ohne Antwort geblieben? Wenn das der Fall ist, überlegen Sie, ob diese Fragen nützlich gewesen wären? Wenn ja, kann es sein, dass der Artikel nicht vollständig war (vielleicht aus Platzmangel)? Wenn nein, war Ihre Fragestellung zu differenziert in Bezug auf die Tragweite des Textes?

Enthält der Artikel Informationen, die Sie nicht vorausgesehen haben? Ja? Dann müssen Sie sich im Fragenstellen mit Hilfe der weiter oben beschriebenen Techniken noch üben. Diese Techniken helfen Ihnen auch bei der »Jagd auf Ideen«, wenn Sie nicht mehr der Leser, sondern der Autor sind.

Ziel: Das filternde Lesen praktizieren können.

Übung 2

1. Wählen Sie einen Zeitungsartikel aus.
2. Lesen Sie Titel und Kopf des Artikels.

3. Lesen Sie den ersten Absatz (die Einleitung).
4. Lesen Sie den letzten Absatz (den Schluss).
5. Lesen Sie die Zwischenüberschriften.
6. Lesen Sie den ersten und, bei langen Abschnitten, den letzten Satz jedes Abschnitts.
7. Schreiben Sie die Punkte auf, die Ihrer Meinung nach in dem Artikel besprochen werden.
8. Um sich zu vergewissern, dass das filternde Lesen Ihnen tatsächlich die wichtigsten Punkte geliefert hat, lesen Sie den Text ganz und vergleichen Sie. Ihr limbisches System wird dadurch auf diese Technik des Lesens vertrauen lernen und eher bereit sein, sie einzusetzen.

Wiederholen Sie diese Technik, so oft Sie dazu Gelegenheit haben.

Lokalisieren

Was versteht man unter lokalisierendem Lesen?

Das lokalisierende Lesen besteht darin, eine bestimmte und für das Verständnis wichtige Information ausfindig zu machen: einen Namen, eine Zahl, eine Antwort auf eine Frage. Der Leser, der zuvor womöglich durch die Techniken der Analyse und des Filterns den Umfang des zu Lesenden bestimmt hat, überfliegt den Text auf der Suche nach der gewünschten Information; sein Blick ist selektiv.

Wann kann man diese Technik einsetzen?

Einige Textarten verlangen unbedingt den Einsatz dieser Technik und begünstigen ihn durch ihren Aufbau: Inhaltsübersichten, Wörterbücher, Verzeichnisse. Bei allen Arten von Texten, auch bei literarischen, kann diese Technik angewandt werden. Wenn Sie etwa einen Roman lesen, um sich zu unterhalten oder um sich weiterzubilden, werden Sie ihn sicher komplett lesen. Wenn Sie aber den gleichen Roman lesen, um bestimmte Informationen zu suchen (Orte, Personen, Dialoge) oder ein Zitat zu finden, werden Sie die Technik des Lokalisierens anwenden. Wie man also liest, hängt von der Art des Textes ab, aber auch von der Intention des Lesers. Daher ist es wichtig, vor Beginn festzulegen, aus welchem Grund und mit welchem Ziel Sie lesen. Der Geist lenkt den Blick.

Wie kann man diese Technik trainieren?

Jeder hat diese Technik schon praktiziert. Sie ist also nichts Neues (Sie haben ein Wörterbuch sicher nie wie einen Gedichtband gelesen), aber sie kann vervollkommnet werden, um sie auf alle Textarten anwendbar zu machen. Sie erfordert eine große Beweglichkeit der Augen: Das Auge muss wie ein Radar alle Zeilen abtasten, um die gewünschte Information herauszufinden. Diese Fähigkeit haben sie schon im Baustein 1 trainiert. Jetzt lernen Sie zusätzlich die Technik des dreifachen Abtastens.

Dreifaches »Abtasten« des Textes für ein effizientes Lokalisieren

Das *horizontale Zeilenabtasten* ist Ihnen am geläufigsten. Dabei überfliegen Sie die Zeilen von links nach rechts. Es dient dazu, Elemente aus einem aus fortlaufenden Zeilen mit mindestens acht oder neun Wörtern bestehenden Text herauszufiltern, zum Beispiel Begriffe, die sich auf ein lexikalisches Feld beziehen.

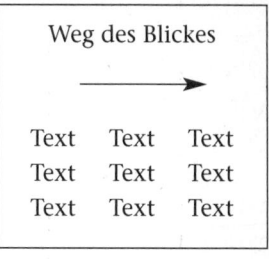

Horizontales Abtasten

Perfektionieren Sie diese Technik:

- durch die Steigerung der Geschwindigkeit
- indem Sie jeweils mit dem zweiten Wort einer jeden Zeile zu lesen beginnen und jeweils mit dem vorletzten Wort aufhören (Seite 48).

Das *vertikale Abtasten* besteht darin, die Zeilen von oben nach unten zu überfliegen. Es wird eingesetzt, wenn Sie Listen oder Texte lesen, die aus schmalen Spalten bestehen.

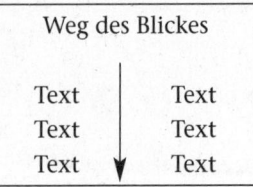

Vertikales Abtasten

Perfektionieren Sie diese Technik:

- durch die Steigerung der Geschwindigkeit
- durch Fixieren der Mitte der Zeile
- durch Überblicken von zwei Zeilen gleichzeitig.

Das *diagonale Abtasten* besteht darin, den Text im Zickzack zu überfliegen und dabei die Zeilen zu überspringen. Diese Technik wird verwandt, um in einem Text den Satz herauszufinden, der die Antwort auf eine Frage enthält, und den man dann wegen der Information intensiv liest.

Diagonales Abtasten

Diese Technik ist Ihnen bestimmt am wenigsten vertraut. Üben Sie sie und denken Sie dabei immer daran, den Anfang und das Ende der Zeilen auszusparen.

Auch wenn jede Art des Abtastens für einen speziellen Fall gedacht ist, können Sie die drei Techniken sehr gut abwechselnd einsetzen, je nachdem, wie sich der Text darstellt und welche Art Information Sie suchen. Gleich welche Technik Sie einsetzen, benutzen Sie auf jeden Fall einen Bleistift oder einen Kugelschreiber, der Ihren Blick lenkt.

Sie werden sich jetzt in den drei Techniken üben, aber die Übungen sollen lediglich die Technik verstehen helfen. Damit Sie diese wirklich übernehmen, benutzen Sie sie bei jeder Lektüre, dazu haben Sie oft genug Gelegenheit. Beginnen Sie nie zu lesen, bevor Sie sich nicht für die entsprechende Technik entschieden haben, auch wenn Sie während des Lesens die Entscheidung vielleicht wieder revidieren müssen.

In Ihrem momentanen Stadium des Übens sind Sie in der Lage, den guten Leser zu charakterisieren. Welche Eigenschaften hat er? Rekapitulieren Sie, bevor Sie weiterlesen. Vergleichen Sie dies jetzt mit Ihren Antworten zu den Fragen auf Seite 24.

Zusammenfassung

➤ Ein guter Leser fährt fort, ohne zu zögern.

➤ Ein guter Leser liest in erster Linie mit den Augen.

➤ Ein guter Leser hat einen genauen und gewandten Blick, der viel auf einmal aufnimmt.

➤ Ein guter Leser liest schnell. Es ist besser, einen Text mehrmals schnell aus verschiedenen Blickwinkeln zu lesen, um ihn zu verstehen, als ihn ein einziges Mal langsam zu lesen.

➤ Ein guter Leser ist immer auch ein aktiver Leser: Er nimmt aktiv am Aufbau des Sinns teil, er schaut voraus, er hinterfragt.

➤ Ein guter Leser stürzt sich nicht blindlings in das Lesen eines Textes. Er sucht Bezugspunkte und orientiert sich mit Hilfe der zur Verfügung stehenden Techniken.

> Ein guter Leser verschafft sich einen Überblick über die Seite, die er lesen will.

> Ein guter Leser setzt Strategien ein, um Abschnitte, die für ihn wichtig sind, zu lokalisieren. Er kann sich in aller Ruhe auf die wichtigen Punkte konzentrieren, statt sich mit Details aufzuhalten.

> Ein guter Leser passt sich an das Gelände an; sein Lesen ist flexibel. So wie ein Autofahrer nicht auf gleiche Weise auf der Autobahn, der Bundesstraße oder der Nebenstraße im Ort fährt, passt der geübte Leser sein Lesen den jeweiligen Gegebenheiten eines Textes an.

> Ein guter Leser geht visuell und intellektuell auf Distanz. Er setzt seine rechte Gehirnhälfte ein, die einen gewissen Abstand braucht, um den Überblick zu bekommen und den Aufbau zu erkennen. Der Adler sieht die Landschaft nicht aus derselben Perspektive wie die Ameise. Man muss mal Adler und mal Ameise sein.

Trainingsaufgaben

Reihe 1:

Ziel: Das horizontale Abtasten einsetzen, um die Information ausfindig zu machen.

Lesen Sie schnell jede Wortreihe, mit dem Ziel, den Oberbegriff herauszufinden, das heißt den Begriff, der der allgemeinste ist und alle anderen umfasst.
Benutzen Sie einen optischen Lesehelfer (etwas einen Bleistift), den Sie so schnell wie möglich an den Zeilen entlangführen.

Übung 1
Stoppuhr drücken!

1. Aluminium, Stahl, Metall, Nickel, Eisen, Bronze, Gold, Silber, Kupfer.
2. Bratenduft, Parfum, Aroma, Zigarettenrauch, übler Geruch, Pesthauch, Ausdünstung, Duft, Geruch, Gestank.
3. Bankett, Festmahl, Picknick, Diner, Mittagessen, Mahlzeit, Frühstück, Souper, Lunch, Kaffeetrinken.
4. Leuchten, glänzen, erglänzen, schillern, glitzern, spiegeln, blitzen, funkeln, reflektieren, schimmern, strahlen.
5. Schrank, Pult, Anrichte, Truhe, Vitrine, Canapé, Möbelstück, Frisierkommode, Tischlein, Geschirrbord, Tisch, Bank, Sofa, Wiege, Sekretär.
6. Entsetzen, Schrecken, Furcht, Besorgnis, Aufregung, Panik, Grauen, Angst, Schauder, Schreck, Grausen, Unruhe, Ängstlichkeit, Bammel.
7. Brief, Depesche, schriftliche Mitteilung, Briefkarte, Postkarte, Telegramm, Einschreiben, Postanweisung, Schriftverkehr, Telex.
8. Getöse, Stimmengewirr, Spektakel, Krakeel, Radau, Krach, Krawall, Rabatz, Lärm, Tumult, Gemurmel, Rauschen, Geräusch, Tohuwabohu.
9. Armbrust, Säbel, Hellebarde, Speer, Muskete, Schleuder, Waffe, Gewehr, Karabiner, Bogen, Maschinengewehr, Schwert.
10. Regen, Wirbelsturm, Bö, Sturm, Glatteis, Unbilden der Witterung, Schnee, Orkan, Nieselregen, Nebel, Reif, Gewitter, Taifun, Tornado.

Stoppuhr drücken!

Zeitaufwand: ....   Zahl der richtigen Antworten: ....

Übung 2

1. Ballade, Kantate, Klagelied, Elegie, Epigramm, Epos, Hymne, Gedicht, Fabel, Madrigal, Ode, Sonett, Posse.

2. Buch, Zeitschrift, Monatsheft, Prospekt, Broschüre, Jahrbuch, Katalog, Veröffentlichung, Werk, Abriss, Tageszeitung, Magazin.

3. Konzert, Melodie, Orchester, Rock, Chor, Festival, Oper, Sonate, Jazz, Concerto, Musik, Fuge, Interludium, Quartett.

4. Hauptstraße, Verkehrsader, Weg, Landstraße, Bahn, Allee, Straße, Passage, Boulevard, Pfad, Gang, Gässchen, Tunnel.

5. Landsitz, Schloss, Hütte, Schuppen, Gebäude, Iglu, Villa, Wohnung, Kate, Apartment, Chalet, Bungalow, Pavillon.

6. Glück, Zufriedenheit, Euphorie, Entzücken, Enthusiasmus, Heiterkeit, Fröhlichkeit, Jubel, Frohsinn, Freude, Begeisterung, Befriedigung, Wonne.

7. Weggehen, verschwinden, verreisen, sich entfernen, sich davonschleichen, fliehen, abreisen, entfliehen, sich einschiffen, abfahren, abfliegen, umziehen, auswandern.

8. Freude, Zorn, Mitleid, Liebe, Mitgefühl, Lust, Begeisterung, Zuneigung, Hass, Eifersucht, Feindseligkeit, Habgier, Egoismus, Gefühl, Sorge, Gelassenheit, Raserei.

9. Entwerfen, denken, nachdenken, überdenken, zurückdenken, abstrahieren, mutmaßen, urteilen, sich etwas vorstellen, überlegen, vermuten, schließen, analysieren, argumentieren, kombinieren, ausdenken.

10. Belauschen, bewundern, anschauen, inspizieren, belauern, ansehen, beobachten, betrachten, auskundschaften, überwachen, observieren, angucken, spiegeln, ins Auge fassen, mustern, anstarren, besehen.

Stoppuhr drücken!

Zeitaufwand: ....   Zahl der richtigen Antworten: ....

Ziel: Das vertikale Abtasten einsetzen, um den Sinn herauszufinden.

Überfliegen Sie schnell die drei Listen und finden Sie das Synonym für jedes der zehn angeführten Wörter.

Übung 1
Stoppuhr drücken!

1. jähzornig, 2. flink, 3. oberflächlich, 4. prächtig, 5. bezichtigen, 6. bissig, 7. anwachsen, 8. zerkratzen, 9. Fremdartigkeit, 10. ausschließlich.

zierlich	unbegreiflich	einzig und allein
erhöhen	behände	zuweisen
unermüdlich	außer Atem geraten	sarkastisch
magnetisch	bedeutsam	Größe
wunderschön	Einzigartigkeit	ruchlos
opportunistisch	beschuldigen	leichtfertig
unverantwortlich	unentwirrbar	unregelmäßig
Unheil bringend	anfechtbar	systematisch
aufkratzen	reizbar	Sonderbarkeit
Protokoll	fanatisch	

Stoppuhr drücken!

Zeitaufwand: .... Zahl der richtigen Antworten: ....

Übung 2
Stoppuhr drücken!

1. Echtheit, 2. klären, 3. Isolation, 4. Übereinkommen, 5. Aus-
einandersetzung, 6. befreien, 7. dicht, 8. unabänderlich, 9. verwirren, 10. ganz.

Passivität	niederlegen	verraten
Wahrhaftigkeit	zerstreuen	Joch
abklären	Einsamkeit	Kontroverse
phonetisch	Zungenfertigkeit	widmen
diskutieren	unwiderruflich	komplett
dichten	beständig	anordnen
Ergänzung	Richtigkeit	Verhalten
Politik	gängig	Vertrag
fanatisch	Strich	Rast
komprimiert	entbinden	durcheinander bringen

Stoppuhr drücken!

Zeitaufwand: .... Zahl der richtigen Antworten: ....

Reihe 3:

Ziel: Das diagonale Abtasten einsetzen, um die Information
herauszufiltern.

Überfliegen Sie den nachfolgenden Text, um die Antwort auf die
erste Frage zu finden, dann, um die Antwort auf die zweite.
Führen Sie Ihren Lesehelfer (etwa einen Bleistift) im Zickzack
über den Text, bis Sie die gesuchte Information finden.

Stoppuhr drücken!

Fragen

Absichtlich sind die Fragen nicht chronologisch nach dem Text geordnet; dadurch wird sich Ihr Auge daran gewöhnen, die Zeilen schnell zu überfliegen.

1. Welche drei Arten von Zeitungen werden in diesem Artikel vorgestellt?
2. Wodurch ist in der Vermeidung von Irrtümern der Historiker dem Journalisten besonders überlegen?
3. Welches sind die drei Verhaltensweisen, bei denen die Tatsache, keine Meinung zu haben, in Wirklichkeit eine Meinungsäußerung darstellt?
4. Welches sind die neun Möglichkeiten, die ein Journalist hat, um Irrtümer auszuschließen?
5. Welche beiden Begriffe benutzt der Autor des Artikels, um diejenigen zu beschreiben, die besser nicht den Journalismus als Beruf wählen sollten?
6. Welches sind die beiden Hauptfehlerquellen, wenn man über ein Ereignis berichtet?

Die Schwierigkeiten des Informierens

Der Journalist ist ein Beobachter, der über Ereignisse berichtet, von denen er nicht immer direkter Zeuge ist; er muss sich auf Informanten verlassen: auf Korrespondenten, Agenturen und Lektoren, die ihrerseits auch nicht immer unmittelbare Zeugen des Geschehens sind und deren Versionen oft unterschiedlich sind. Vom Journalisten sagt man, dass er der Historiker des Augenblicks ist. In den beiden Begriffen gibt es jedoch Widersprüchlichkeiten. Der Historiker verfügt im Gegensatz zum Journalisten über den nötigen zeitlichen und räumlichen Abstand. Aber obwohl er nach Belieben Zeugnisse und Dokumente benutzen kann, kann er sich einerseits bei der Interpretation der Ereignisse irren, andererseits beim Berichten über ihren tatsächlichen Ablauf.

Trotz dieser Schwierigkeiten ist eine Zeitung durchaus in der Lage, mit ihren Hilfsmitteln innerhalb weniger Stunden oder weniger Minuten die Wahrheit oder die Wahrscheinlichkeit eines Ereignisses zu überprüfen; sie kann und muss viele unterschiedliche Informationsquellen nutzen, Nachrichten kürzen und überprüfen, mehrere Versionen veröffentlichen und auch in bestimmtem Umfang in der Möglichkeitsform berichten, die dann nicht nur ein übliches Stilmittel ist; und schließlich und vor allem muss sie vervollständigen oder auch korrigieren, wenn sich die Lücken schließen oder der Irrtum offenbar wird.

Nicht nur Falschmeldungen sind möglich, sondern auch falsche Einschätzungen von Ereignissen. Beide Arten können eng miteinander verbunden sein. Die Bewertung des Journalisten, eines jeden Journalisten, beginnt in dem Augenblick, in dem er den Wert, die Bedeutung, die Tragweite oder auch nur den Wahrheitsgehalt eines Ereignisses einschätzt. Von diesem Moment an dringt in seine Entscheidung unvermeidlich ein Element der Subjektivität. Wenn das nicht so wäre, würden alle Zeitungen einem Ereignis den gleichen Platz und die gleiche Bedeutung einräumen und innerhalb einer Zeitung wären alle Redakteure sich sofort darüber einig, über welches Ereignis berichtet wird, wie umfangreich und an welcher Stelle, ja man könnte die Formulierung eines Professors für Journalismus sogar übernehmen: »Die Nachricht ist kein Objekt, sondern das Produkt eines Urteils.«

Die Zeitung hat ein anderes Mittel, dem Problem zu begegnen, nämlich möglichst viele Informationen über ein Ereignis oder über verschiedene Ereignisse zu veröffentlichen. Das Risiko des Irrtums oder des Unterdrückens (einer Tatsache oder einer Einschätzung) ist dann viel geringer. Der Leser kann sicher sein oder die Hoffnung haben, dass ihm nichts Bedeutendes oder Wichtiges vorenthalten wird. Die Objektivität kann so gewissermaßen aus der Fülle von Meldungen geboren werden, aber Voraussetzung hierfür ist ein ausreichender Raum, den nicht alle Zeitungen zur Verfügung stellen können.

Eine letzte Möglichkeit, den täglichen Problemen des Informierens zu begegnen, ist einfach zu warten, bis das Ereignis eine definitive Richtung nimmt, in seiner Dauer und Form abgeschlossen ist, bevor man berichtet. Wenn man sich einem brandheißen Ereignis zu sehr nähert, läuft man Gefahr, sich die Finger zu verbrennen. Aber ein abgekühlter Journalismus ist das noch Journalismus? Es ist umsichtiger und bequemer, Abstand zu halten und zu warten, bis die Öffentlichkeit darauf vorbereitet ist, bevor man über eine beunruhigende Tatsache oder eine grausame Wahrheit berichtet. Der Journalismus, das ist Leben, bewegtes Leben, beunruhigendes Leben; die Angsthasen und Zauderer haben im Journalismus ebenso wie im Leben nur wenig Raum und Einfluss.

Eine Zeitung hat neben der mehr oder weniger gut erfüllten Aufgabe, zu informieren, auch das Recht und die Pflicht, eine Meinung zu vertreten.

Unter diesem Blickwinkel gibt es drei Arten von Zeitungen:

Die, die sich selbst als überparteilich und wirklich neutral bezeichnen – und die auch von anderen als solche qualifiziert werden. Aber gibt es wirklich eine einzige, die das auch tatsächlich ist? Denn, keine Meinung zu haben ist auch eine Meinung. Nicht auszuwählen zwischen Wahrem, Wahrscheinlichem und Falschem, zwischen dem, was man für gut und für schlecht hält, zwischen dem Wichtigen und dem Nebensächlichen, oder wenigstens den Eindruck zu erwecken, das zu tun, ist auch eine Meinung haben, zumeist eine konservative. Wenn ein Mensch oder ein Land unter einer schweren Ungerechtigkeit leidet, ist das Nichtstellungbeziehen auch eine Meinung. Wenn ein Verbrechen begangen wird, von einem Einzelnen oder der Allgemeinheit, womöglich noch im Namen der Staatsraison, ist das Schweigen auch eine Meinungsäußerung. Und das Lügen durch Verschweigen ist wohl die schlimmste Art der Meinungsäußerung.

Dann gibt es die Zeitungen, die als offizielles Organ, im Dienst einer Partei, einer Ideologie, einer Konfession oder eines Interesses stehen. Und schließlich die Zeitungen, die finanziell und politisch unab-

hängig sind und offen eine Meinung vertreten, zuvor jedoch möglichst viele Informationen und Einschätzungen liefern.

Äußert sich eine Zeitung, wenn ein Land vor einer einfachen oder schwerwiegenden Wahl steht – zum Beispiel die Ratifizierung eines Vertrages, ein Referendum, oder vor Wahlen – und hat zuvor alle Informationen dazu veröffentlicht, ist diese Meinungsäußerung lediglich eine normale Reaktion, ein Echo auf die Debatten und unterschiedlichen Standpunkte; wenn eine unabhängige Zeitung diese Anstrengung unternimmt, hat sie auch das Recht, ein Urteil zu äußern, das dem Leser nicht aufgezwungen wird, denn er verfügt ja über alle Informationen, um sich selbst eine Meinung zu bilden. Sie hat dazu sogar die Verpflichtung, denn der Leser hat das Recht, die Meinung seiner Zeitung zu kennen, sei es auch nur, um sie mit der eigenen zu vergleichen und sie dann anzunehmen oder zu verwerfen.[8]

Stoppuhr drücken!

Zeitaufwand: .... Zahl der richtigen Antworten: ....

Der Baustein als Schema

Schema 1: Auswahl eines Buches

$$\text{Leser} \longleftrightarrow \text{Buch}$$
$$\text{Übereinstimmung}$$

Die Auswahl eines Buches erfolgt je nachdem, welche Erwartungen der Leser an das Buch stellt (Plan, Gegenstand, Vorwissen, verfügbare Zeit). Blicke auf bestimmte Stellen ermöglichen es, die Übereinstimmung der Erwartungen des Lesers mit dem Buch einzuschätzen.

Einen Blick werfen auf:

die erste Umschlagseite = Autor, Titel, Herausgeber/Verlag, Reihe

letzte Umschlagseite = Präsentation des Buches (Gegenstand,
Zielgruppe) + Präsentation des Autors

Erscheinungsjahr

Vorwort oder Einleitung

Nachwort oder Schluß

Inhaltsverzeichnis

Register

Literaturverzeichnis

Anfang und Ende des ersten Kapitels

Seitenlayout = Aufbau, Typographie

Lesen von einigen Zeilen an verschiedenen Stellen = Stil,
Wortschatz, Klang

Zahl der Seiten

Schema 2: Auswahl eines Textes

Leser $\longleftrightarrow$ Buch

Übereinstimmung

Überfliegen Sie:

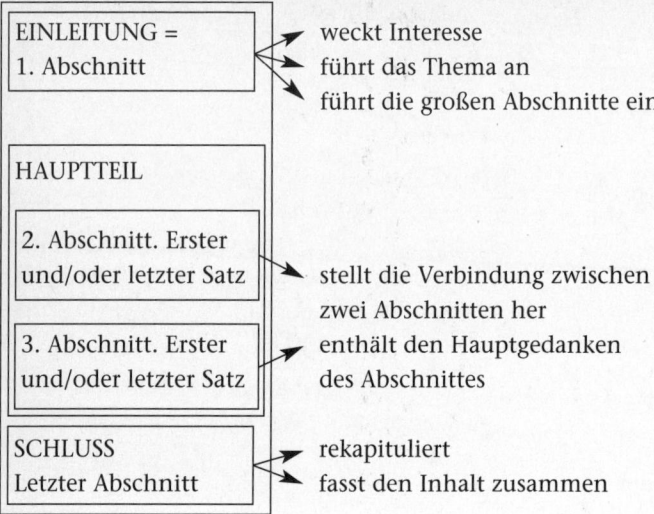

EINLEITUNG = 1. Abschnitt	weckt Interesse führt das Thema an führt die großen Abschnitte ein

HAUPTTEIL

2. Abschnitt. Erster und/oder letzter Satz	stellt die Verbindung zwischen zwei Abschnitten her
3. Abschnitt. Erster und/oder letzter Satz	enthält den Hauptgedanken des Abschnittes
SCHLUSS Letzter Abschnitt	rekapituliert fasst den Inhalt zusammen

Ein geschickter Leser liest die Schnittstellen

Schema 3: Aufbau eines Abschnittes

Hauptgedanke +
ergänzende Gedanken
(Tatsachen, Beispiele,
Beweise ...)

ergänzende Gedanken
(Tatsachen, Beispiele ...)
→ Hauptgedanke

induktiv aufgebauter Abschnitt   deduktiv aufgebauter Abschnitt

BAUSTEIN 3: LERNERFOLG BEIM LESEN

Während der Jahre an der Schule oder an der Universität besteht das Hauptziel des Lesens im Lernen, in der Aneignung neuen Wissens aber auch dem Behalten. Hierbei sind zwei Dinge wichtig:

- den gesamten Inhalt eines Textes, einer Vorlesung durch vertieftes Lesen erfassen;
- diesen Inhalt durch die geeignete Art des Notizenmachens festhalten.

Dieser Baustein soll Ihnen helfen, diese grundlegend wichtigen Arbeiten erfolgreich zu gestalten. Sie werden sehen, im Anschluss wird Ihnen dies sehr leicht fallen und wie ein Kinderspiel erscheinen.

Fragebogen: Ihre Vorstellungen vom Notizenmachen

Bevor Sie mit diesem Baustein beginnen, sollten Sie eine Bestandsaufnahme machen über Ihre Vorstellungen, wie man Notizen macht. Sicherlich können Sie dabei aus einen reichen Erfahrungsschatz schöpfen.

Was denken Sie über die folgenden Behauptungen? Kreuzen Sie im folgenden Fragebogen das Kästchen, das Ihrer Antwort entspricht, an, und vermeiden Sie dabei so viel wie möglich die dritte Möglichkeit »weiß nicht«. Lassen Sie sich dabei ruhig etwas Zeit.

	richtig	falsch	weiß nicht
1. Es gibt zahlreiche Arten, Notizen zu machen.			
2. Man darf nie in ein Buch schreiben, auch wenn es einem gehört.			
3. Notizen machen ermöglicht ein besseres Behalten als nur zu lesen.			
4. Am besten ist es, Notizen in ein Heft zu machen.			
5. Man muss während des Lesens Notizen machen.			
6. Am besten sollte man möglichst viel, auch in ganzen Sätzen, notieren.			
7. Fotokopieren oder notieren, das Ergebnis ist das gleiche.			
8. Um einen Kurs/eine Vorlesung zu wiederholen, muss man sie noch einmal ganz lesen.			
9. Um ein Referat vorzubereiten, sollte man seine Notizen überarbeiten und eventuell ergänzen, um Erinnerungslücken zu vermeiden.			
10. Die Anordnung der Notizen ist wichtig.			

Vertieftes Lesen

Die Basis jeden Lernens

Vertieftes Lesen ermöglicht die Analyse des Textinhaltes, das heißt:

- die großen Teile, die Struktur, systematisch aufzulisten,
- die den Inhalt tragenden Elemente auszumachen,
- die Verbindungen zu erkennen, die zwischen diesen Elementen bestehen,
- die Bedeutung der Elemente und ihre Verknüpfung zu unterscheiden.

Vertieftes Lesen ermöglicht also ein wirkliches Begreifen im Sinne von miteinander in Verbindung bringen und verstehen, die einzelnen Gedanken erkennen, miteinander verknüpfen und ihren Sinn erfassen.

Leitfaden in acht Etappen

Wie liest man vertieft? Der Weg, den ich Ihnen vorschlage, ist schon erprobt. Sie können sich davon leiten lassen. Und denken Sie immer, bevor Sie anfangen, an die Zeit T-1, die Sie zu den Startvorbereitungen benötigen (Seite 35). Ihre Arbeit wird Ihnen leichter von der Hand gehen. Erproben Sie den Leitfaden anhand des Beispieltextes auf Seite 110.

Erste Etappe: Überfliegen

Wenn man unbekanntes Gebiet durchstreift, ohne Orientierungspunkte zu haben, ist das riskant. Genauso verhält es sich mit dem Lesen. Beginnen Sie mit dem Lesen beim ersten Wort, ohne den Kurs abgesteckt zu haben, laufen Sie Gefahr, sich zu verirren. Es ist ratsam, sich zuerst mit Hilfe der nachfolgenden Vorgehensweisen einen groben Überblick über das Buch oder das Kapitel zu verschaffen. Schauen Sie sich an:

- Titel und Untertitel;
- Nummerierung;
- Illustrationen;
- typografisch hervorgehobene Wörter.

Diese globale Wahrnehmung, die man mit dem Blick aus einem Flugzeug vergleichen kann, mobilisiert in erster Linie die rechte Gehirnhälfte. Sie bringt Sicherheit, denn sie gibt Ihnen das berechtigte Gefühl, Herr der Lage zu sein.

Zweite Etappe: Fragen

Beim Überfliegen haben Sie schon einige Informationen bekommen. Bevor Sie weitermachen, sollten Sie sich über Ihre Erwartungen klar werden. Stellen Sie die Frage: Was will ich erfahren? Oder: Wer, was, wo, wann, wie, wie viel, warum, wozu, welche Hinweise, welche Folgen, welche Lösungen? (siehe Frageschema auf Seite 75). Notieren Sie Ihre Fragen. Dieses Vorgehen ist aus zwei Gründen sehr wichtig.

Zuerst schafft das Fragen ein aktives geistiges Klima. Es weckt Ihre Neugier, und Sie beginnen konzentriert und motiviert zu lesen, weil Sie Antworten auf Ihre Fragen suchen.

Außerdem ist Ihr Geist, wenn Sie etwa von Ihrer Lektüre ausgehend selbst eine Arbeit (Referat, Hausarbeit) verfassen müssen, darauf vorbereitet, das herauszufiltern und zu behalten, was für Ihre Arbeit von Interesse ist. Ohne präzise Fragen ist eines so gut wie das andere, warum also nicht notieren oder fotokopieren? »Fragen stellen zu können, ist schon zur Hälfte wissen«, hat schon Aristoteles gesagt.

Dritte Etappe: Lesen

Lesen Sie Texte immer mit der Absicht, den Inhalt herauszufinden. Anfangs ist immer die beste Taktik, den Text bis zum Ende zu lesen, ohne sich bei einzelnen Wörtern oder unklaren

Punkten aufzuhalten. Meist verhindern diese nicht das Verstehen des Folgenden. Wenn man sie daher erst einmal beiseite lässt, hat das verschiedene Vorteile. Was passiert nämlich in dem Moment?

- Das Gehirn kann seine normale Funktion ausüben und das ergänzen, was fehlt. Jeder von uns erinnert sich an eine Prüfungsfrage, die er beim ersten Lesen nicht beantworten konnte, die aber später, als er noch einmal zu ihr zurückkam, leicht beantwortet werden konnte.
- Wenn Sie die Schwierigkeiten erst einmal beiseite lassen, werden Sie sie später, mit mehr Informationen gewappnet und unter Berücksichtigung des Kontextes, einfacher lösen können. Sie sind dann besser dafür gerüstet.
- Die Anspannung lässt nach, und Sie kommen voran.

Wenn Sie Ihre Lektüre beendet haben, können Sie das Wörterbuch nehmen und die Bedeutung der unbekannten Begriffe suchen.

Vierte Etappe: Die Strukturen erkennen

Schon bei der Gesamtschau (erste Etappe) können Sie die Hauptteile des Textes ausmachen. Beim Überfliegen treten einzelne Elemente deutlich hervor, wie etwa Titel, Untertitel, Nummerierung oder hervorgehobene Wörter.

Auch die Aufteilung in Abschnitte ist ein verlässlicher Führer, insbesondere bei kürzeren Texten, die die oben erwähnten Bestandteile nicht enthalten. Ein gut aufgebauter Abschnitt ist um einen Hauptgedanken herum angelegt, den man leicht herausfindet, weil er sich entweder am Anfang oder am Ende des Abschnitts befindet (Seite 73). Ergänzende Gedanken gehen dem Hauptgedanken voraus oder folgen ihm.

Ihre Aufgabe liegt darin, den Hauptgedanken zu entwickeln, zu erläutern, mit Beispielen und Tatsachen zu belegen oder durch Beweise und Argumente zu stützen.

Fünfte Etappe: Schlüsselwörter finden

Was versteht man unter einem Schlüsselwort?

Das sind die Wörter, die unentbehrlich sind, um die Aussage zu verstehen und zu behalten, denn sie »tragen« den Sinn (sinntragende Wörter). Sie konzentrieren in sich eine Reihe von Informationen, die sie, wenn man sie abruft, wieder zur Verfügung stellen.

Wie erkennt man die Schlüsselwörter?

Vielleicht schon an ihrer »Kleidung«; die fett gedruckten oder kursiv gesetzten Wörter sind zum Beispiel immer Wörter mit grundlegender Bedeutung, also Schlüsselwörter. Aber auch andere Wörter, die nicht durch den Druck hervorgehoben sind, sind Schlüsselwörter. Um das Prinzip für das Auffinden der Schlüsselwörter zu verstehen, stellen wir uns vor, wir hätten ein Telegramm vorzubereiten, das nach Wörtern bezahlt wird und folgende Information weitergeben soll: »Wir werden am Sonntag um neun Uhr im Bahnhof in München ankommen.«

Was werden Sie aufschreiben? Bestimmt: »Ankommen Sonntag neun Uhr Bahnhof München«.

Sie haben die »leeren« Füllwörter, die nur für die Syntax wichtig sind, weggelassen und die »vollen« Wörter, die sinntragenden Wörter, beibehalten. In einem Text sind nicht alle Wörter einander gleich; manche enthalten wenig Bedeutung, andere dagegen viel. Die Schlüsselwörter gehören zur zweiten Kategorie. Diese semantisch starken Wörter sind normalerweise Substantive, Verben und Adjektive. Sie können auch von der Grundstruktur »Subjekt – Prädikat« ausgehen. Subjekt, aus dem Lateinischen »subicere – unter etwas legen«, ist das, was der Autor zum Träger des durch das Verb ausgedrückten Geschehens macht. Das Prädikat, vom Lateinischen »praedicatum – das Bekanntgemachte«, ist das, was der Autor über das Subjekt aussagt.

Beispiel: »Guyana besitzt ausgedehnte Wälder«. Das Subjekt, von dem gesprochen wird, ist »Guyana«; das Prädikat ist das, was über das Subjekt ausgesagt wird: »besitzt«.

Wie gehen Sie vor? Die Schlüsselwörter erläutern den Sinn
Wenn Ihnen das Buch oder Schriftstück gehört, kreisen Sie ein, unterstreichen Sie oder markieren Sie. Das Markieren ist sehr viel vorteilhafter als das häufiger eingesetzte Unterstreichen, das noch ein Überbleibsel des Zeile-für-Zeile-Lesens ist. Man sollte alles tun, was den Blick dazu bringt, eine größere Oberfläche abzudecken, statt zeilenweise vorzugehen. So können Sie sich vom Wort-für-Wort-Lesen frei machen und zu einem räumlichen Lesen kommen.

Vermeiden Sie jedoch zu viel Markieren, besonders beim ersten Lesen. Die Wörter, die einem zuerst ins Auge fallen, sind nicht immer die wichtigsten, und eine solche Markierung würde beim späteren Lesen hindern oder fehlleiten.

Wenn das Buch Ihnen nicht gehört, schreiben Sie die Schlüsselwörter auf.

Sechste Etappe: Die redeverbindenden Konjunktionen finden
Was versteht man unter Konjunktionen?
Das sind Wörter oder Ausdrücke, die keine Gedanken ausdrücken wie Schlüsselwörter, sondern die die anderen Wörter organisieren. Sie geben die Beziehungen zwischen den verschiedenen Textteilen an und markieren den Weg: so, also, dennoch, einerseits, andererseits (vergleichen Sie mit der folgenden Tabelle). Dank dieser Hilfsmittel wissen Sie, ob der Autor etwas entwickelt, vergleicht, ableitet, schlussfolgert.

Wie findet man die logischen Konjunktionen?
Das Auffinden dieser Wörter wird oft durch ihre Stellung erleichtert, denn sie befinden sich häufig am Anfang von Sätzen

oder Abschnitten. Sie werden vom Lesen daher schnell und problemlos erkannt.

Manchmal übernimmt auch die Interpunktion die Funktion der logischen Konjunktion. Zum Beispiel kündigt ein Doppelpunkt eine Erklärung oder Erläuterung an. Oder man trifft auf ganze Ausdrücke wie »der erste Punkt, den wir ansprechen wollen, ist ...«, »zuerst werden wir uns mit ... befassen«.

Wie gehen Sie vor?

Wenn man die Konjunktionen ausfindig gemacht hat, sollte man sie mit einem Textmarker in einer anderen Farbe als die Schlüsselwörter markieren. Wenn die Unterlage Ihnen nicht gehört, notieren Sie sie in Form von mathematischen Zeichen wie in der folgenden Tabelle.

Konjunktionen	Funktion	Zeichen die für sie stehen können
auch andererseits ebenso außerdem ebenfalls überdies darüber hinaus und danach was ... betrifft	Sie erläutern den Gedanken	Additionszeichen +
gleichfalls das heißt nehmen wir ... insbesondere zum Beispiel	Sie präzisieren oder veranschaulichen den Gedanken	Additionszeichen +

also daher was zur Folge hat deshalb schon aus diesem Grund folglich so	Sie leiten eine Folgerung ein	Pfeil →
denn aus diesem Grund nämlich weil da	Sie geben einen Grund an oder liefern Argumente	Pfeil in die andere Richtung ←
jedoch indessen aber dennoch unglücklicherweise trotzdem gleichwohl allerdings	Sie stellen gegen- über (Gegenteil) oder schwächen ab	Zeichen »ist nicht gleich« ≠
so also mit einem Wort schließlich zusammenfassend letztlich um zum Schluß zu kommen	Sie leiten die Schlussfolgerung ein	drei Pfeile → → →

Achtung! Einige Konjunktionen können unterschiedliche Funktionen übernehmen (z.B. also). Die jeweilige Funktion können Sie dann aus dem Zusammenhang entnehmen.

Siebte Etappe: Wiederaufrufen

Legen Sie den Text beiseite und versuchen Sie, sich den Inhalt auf die von Ihnen bevorzugte Denkart wieder zu vergegenwärtigen.

Wenn Sie der eher auditive Typ (linke Gehirnhälfte vorherrschend) sind, formulieren Sie den Text mit Ihren eigenen Worten. Wenn Sie der eher visuelle Typ (rechte Gehirnhälfte vorherrschend) sind, lassen Sie den Text in Ihrem Kopf Revue passieren wie einen Film.

Gleich welche Art Sie praktizieren, dieses geistige Wiederaufrufen des Textes ist von entscheidender Bedeutung. Es ermöglicht Ihnen, sich den Text zu Eigen zu machen, und was einem gehört, behält man besser, als das, was einem anderen gehört. Außerdem können Sie dabei auch feststellen, in welchem Maße Sie den Text verstanden haben; das ist sozusagen die Stunde der Wahrheit. Wenn Sie sich diese Methode angewöhnen, werden Sie sehr bald spektakuläre Erfolge haben.

Natürlich können Sie auch ein visuelles Wiedererinnern durch ein auditives ergänzen und umgekehrt; das wird das Behalten sehr erleichtern (siehe Baustein Einführung).

Achte Etappe: Überprüfen

Gehen Sie wieder zum Text zurück, um zu kontrollieren: Vergleichen Sie, berichtigen Sie, vervollständigen Sie, wenn notwendig. So werden Sie unangenehme Überraschungen vermeiden nach der Art: »Ich dachte aber ...«

Nehmen Sie sich wieder die Fragen vor, die Sie in der zweiten Etappe formuliert haben. Hat der Text die Antworten darauf gegeben? Sind noch Fragen offen? Sind die offenen Fragen von Bedeutung? Ja? Dann müssen Sie noch in anderen Büchern nachlesen.

Wenn das Buch Ihnen gehört, schreiben Sie Ihre Anmerkungen hinein. Ein mit Notizen versehenes Buch wird wirklich das Ihre.

Trainingsaufgaben

(Um die Übungen nicht zu sehr zu zersplittern, folgen die Übungen zum Auffinden der Strukturen eines Textes und der Schlüsselwörter am Ende des folgenden Teils über das Notizenmachen.)

Ziel: Hauptgedanke und ergänzende Gedanken unterscheiden, Rolle der ergänzenden Gedanken bestimmen.

1. Suchen Sie aus jedem Text den Satz oder die Sätze heraus, die den Hauptgedanken enthalten.
2. Erklären Sie die Rolle der anderen Sätze bzw. der ergänzenden Gedanken.

1. Alle Errungenschaften der Wissenschaft und deren spätere praktischen Anwendungen wurden stets mit Freudenschreien und Triumph begrüßt. So war es, als die Brüder Mongolfier sich mit ihrem Ballon aus mit Warmluft aufgeblasenem Papier in die Lüfte erhoben; so war es, als man zum ersten Mal dank des Telefons eine menschliche Stimme in hundert Kilometer Entfernung hören konnte, und die Zeugen dieses wunderbaren Ereignisses waren vor Verblüffung sprachlos.[9]
2. Seit vielen Jahren schon engagieren sich die Freunde der Natur und prangern die unzähligen Eingriffe in die Natur an. Eingriffe in Boden, Atmosphäre, Wasser, Flora, Fauna ... Eingriffe durch radioaktive Verschmutzung, durch Insektizide und Herbizide, durch Kohlenwasserstoffe ... Alles sind Eingriffe, die sich früher oder später gegen den Menschen wenden werden, sei es, dass die Möglichkeiten, Nahrung herzustellen, sich verringern, die Nahrungsmittel und die Atemluft vergiftet werden oder das empfindliche Gleichgewicht der Natur zerstört wird.[10]
3. Der Austausch zwischen Wissenschaftlern und der Öffentlichkeit ist heute wichtiger denn je. Die Mehrzahl der großen aktuellen Pro-

bleme bedürfen zu ihrer Lösung direkt oder indirekt wissenschaftlicher oder technischer Kenntnisse. So zum Beispiel in den Bereichen Energie, Information, Biologie, Umwelt oder Telekommunikation. Sogar große soziale oder wirtschaftliche Probleme, wie die Abtreibung, der Hunger in der Welt, die Umweltverschmutzung, die Automatisierung oder das industrielle Wachstum verlangen im Grunde genommen eine technische Klärung.[11]

Notizen machen

Wir untersuchen zuerst einige Fragen, die Sie sich vielleicht in Bezug auf das Notizenmachen stellen; danach werde ich Ihnen fünf verschiedene Möglichkeiten präsentieren, sodass Sie damit in der Lage sind, bewusst auszuwählen.

Fragen zum Notizenmachen

Was kann man durch Notizen festhalten?
Hier gibt es zahlreiche Möglichkeiten:
- Notizen über eine mündliche Rede (Vorlesung, Vortrag, Konferenz);
- Notizen über einen Versuch (in Biologie, Soziologie, Geografie);
- Notizen über eigene Gedanken (»Ach, da fällt mir gerade noch ein ...«);
- Notizen über eine schriftliche Unterlage.

In diesem Kapitel werden wir uns hauptsächlich mit Notizen zu Geschriebenem befassen, aber die vorgeschlagenen Techniken können auch nutzbringend bei anderen Gelegenheiten (etwa Vorlesungen oder Vorträge) eingesetzt werden.

Worin liegt die Bedeutung des Notierens?

Das Notizenmachen dient in erster Linie dazu, das Gedächtnis zu stützen und gegen das Vergessen zu kämpfen. Es entlastet das Gehirn. Es bildet sozusagen ein »Gedächtnis aus Papier«, wie es Montaigne einmal bezeichnet hatte. Es geht darum, sich an den Inhalt eines Textes anhand der Notizen zu erinnern.

Darüber hinaus ist das Notizenmachen auch von grundlegender Bedeutung für das Lernen. Um sich hiervon zu überzeugen, machen Sie einmal den folgenden Versuch: Lesen Sie einen Text, ohne auch nur das Geringste aufzuschreiben. Einige Zeit später versuchen Sie, sich an den Text zu erinnern. Lesen Sie einen weiteren Text, der dem ersten im Schwierigkeitsgrad und in der Länge etwa entspricht, und machen Sie sich Notizen darüber. Versuchen Sie dann, nach genau dem gleichen Zeitraum, sich an den Text zu erinnern. Vergleichen Sie ... Sie werden feststellen, dass das Behalten im zweiten Fall weitaus besser ist als im ersten. Denn um Notizen zu machen, mussten Sie schon auswählen, das Wichtige vom Unwichtigen trennen. Diese geistige Arbeit ist größer als beim reinen Lesen und hat ein besseres Speichern zur Folge.

Das beweist, dass die Information umso besser behalten wird, je mehr sie bearbeitet ist. Das Notizenmachen ist daher eine grundlegend wichtige Tätigkeit beim Erwerb von neuem Wissen. Es erleichtert Verstehen und Behalten.

Wozu schreiben Sie Notizen auf?

Es geht um die Motivation zum Notizenmachen. Von Anfang an ist es wichtig, Ihr Vorhaben zu definieren und das Vorgehen festzulegen, das zu großem Teil vom Vorhaben abhängig ist.

- Bereiten Sie sich auf eine Prüfung vor (Notizen dienen dem Erinnern)?
- Arbeiten Sie etwas schriftlich aus (Referat, Hausarbeit, Inhaltsangabe)?

- Müssen Sie eine Rede halten oder eine Diskussion leiten?

Das Vorhaben ist Ihr Kompass, der Ihr Handeln bestimmt und Sie stimuliert.

Wann notieren?

Vermeiden Sie es, während des Lesens umfangreiche Notizen zu machen. Schauen Sie sich den Absatz, das Kapitel oder den Text bis zum Ende an. Wenn Sie sich etwas notieren, ohne einen Überblick über das Ganze zu haben, kann es passieren, dass Sie viel zu viele Details aufschreiben.

Was notieren?

Den größten Teil der Antwort auf diese Frage haben Sie bereits im vorangegangen Kapitel kennen gelernt (Seite 96). Es geht darum, das Grundlegende einer Botschaft zu konservieren, die nicht zum Verständnis notwendigen Elemente auszulichten, die leeren Wörter zu streichen und Subjekt, Prädikat und Schlüsselwörter festzuhalten.

Sie können auch die Redundanzen weglassen, das heißt die Wiederholung einer Information in einer anderen Form. Diese Redundanzen, die in der gesprochenen Sprache sehr häufig und auch unentbehrlich für das Übermitteln der Botschaft sind, gibt es auch in der geschriebenen Sprache, wo sie das Verstehen erleichtern. Der Autor kündigt etwas an, entwickelt seinen Gedanken und fasst ihn zusammen, und in diesen drei Schritten decken sich Informationen teilweise. Sie müssen die Formulierung auswählen, die Ihnen am besten passt.

Wann soll man etwas wörtlich notieren?

Manchmal ist das komplette Notieren nicht zu vermeiden. Es ist sogar ratsam, wenn es etwa um

- Definitionen
- Zitate

- bezeichnende Formulierungen geht, die Sie so übernehmen wollen, wie sie sind.

Diese Übernahmen setzen Sie in Anführungszeichen.

Sollte man Beispiele ausklammern?

Das ist eine schwierige Frage. Beispiele anzuhäufen ist sinnlos, aber gar keine zu bringen, könnte dem Behalten Abbruch tun, insbesondere dann, wenn Ihre Vorgehensweise eher induktiv ist. Das ist vor allem der Fall, wenn die rechte Gehirnhälfte bei Ihnen dominiert. Schreiben Sie also mindestens ein Beispiel auf, das bezeichnendste oder dasjenige, das für Sie am treffendsten ist. Bei Aufzählungen suchen Sie immer einen Oberbegriff.

Beispiel: »Das Fernsehen, das Radio, die geschriebene Presse und die verlängerte Schulausbildung verwischen nach und nach die Unterschiede in der Sprache, lassen lokale Besonderheiten, Ausdrücke bestimmter Regionen oder Berufe verschwinden.«[12]

Die Aufzählung: »Fernsehen, Radio, geschriebene Presse« kann durch den allgemeinen Begriff »Medien« wiedergegeben werden.

Worauf soll man Notizen machen?

Nehmen Sie lieber Blätter oder Zettel, die unendlich viel besser zu handhaben sind als ein Heft. Denn durch sie sind drei Vorgänge möglich, die unerlässlich für ein späteres Nutzen Ihrer Notizen sind:

- Austausch eines überholten Zettels oder Blattes;
- Hinzufügen eines neuen Zettels mit einer ganz neuen Information;
- Austausch eines Zettels gegen einen anderen.

Schreiben Sie immer nur auf eine Seite des Blattes. Das hat mehrere Vorteile:

- Mit einem Blick können Sie Ihre Notizen überschauen, beim Wiederholen oder beim Abfassen von Texten ist das sehr vorteilhaft;
- Sie können, wenn erforderlich, etwas dazwischenschieben, etwa eine Skizze, eine Tabelle oder zusätzliche Notizen;
- Sie können etwas herausschneiden oder einkleben, ohne Vorder- und Rückseite noch einmal zu kopieren.

Oben auf jede Serie von Blättern oder Zetteln schreiben Sie bitte Folgendes:
- Das jeweilige Thema in ein oder zwei Wörtern (Beispiel: Medien)
- die Quellenangabe: Wo haben Sie die Information gefunden?

Wie macht man Notizen?
Sie notieren schnell und effizient, wenn Sie drei grundlegende Techniken einsetzen: **T.A.S.**

Schreiben Sie im Telegrammstil: T
Heben Sie dabei nur die Schlüsselelemente hervor, so wie wir es weiter oben gesehen haben. *Beispiel:* »Die Lebensbedingungen in der Antarktis sind sehr schwierig« = »Lebensbedingungen schwierig Antarktis«.

Benutzen Sie Abkürzungen: A
Es geht nicht darum, Stenografie zu lernen, sondern darum, eine eigene Stenografie zu entwickeln, indem man bestimmte Wörter abkürzt. Welche Wörter? Die, die am häufigsten in der Sprache vorkommen, gleichgültig, um welches Thema es sich handelt. Weiter unten werden Sie einige Vorschläge finden, die Sie mit Ihren eigenen Abkürzungen kombinieren können. Sie können auch themenabhängige Abkürzungen benutzen wie beispielsweise M.A. für Mittelalter, v für Geschwindigkeit.

Schreiben Sie dann aber an den Anfang Ihrer Notizen die Bedeutung der benutzten Abkürzungen. Einige Beispiele für gän-
gige Abkürzungen:

d.h.: das heißt
z.B.: zum Beispiel
s.: siehe
vgl.: vergleiche
w.u.: weiter unten
o.a.: oben angeführt
j-m: jemandem
j-n: jemanden
jur.: juristisch
f: weiblich
m: männlich
usw.: und so weiter

Benutzen Sie Zeichen und Symbole: S
Die Zeichen, die wir auf Seite 98–99 für die Konjunktionen vorgestellt haben, können auch hier als Grundlage dienen. Alle
Symbole, die der Mathematik entnommen sind, sind sehr nützlich.
Machen Sie sich auch hierzu eine umfangreiche persönliche Lis-
te von Zeichen, die Sie immer wieder benutzen.

Beispiel:

+	mehr	–	weniger
=	ist gleich	≠	ist nicht gleich
≅	ungefähr	→	bis
→	folglich	↗	erhöht
→			usw.
→			

Tausendundeine Art, Notizen zu machen

Oft sehen Notizen so aus, dass ein Wort neben dem anderen steht, ohne dass irgendetwas, außer vielleicht einem Titel, hervorgehoben ist. Solche aneinander gereihten Notizen entsprechen vielleicht noch den »linkshirnig«, sehr sprachlich Orientierten, aber was ist mit der anderen Hälfte? Erfordert eigentlich nicht jede geistige Arbeit das ständige Zusammenspiel beider Hemisphären?

Es existieren tatsächlich Tausende von verschiedenen Notierweisen. Ich werde Ihnen hier fünf vorstellen, die in ihrer Konzeption sehr unterschiedlich sind.

Gegliedertes Notieren

Damit Ihnen ein solches Notizenmachen gelingt, beginnen Sie nach dem Schema für das vertiefte Lesen auf Seite 93. Sie können es um folgende Operationen erweitern:

• Verfassen Sie einen oder zwei Sätze, die die Hauptgedanken jeden Absatzes oder Teils wiedergeben.

• Formen Sie diese Gedanken in Titel und Untertitel um. Der Hauptgedanke soll dabei ein Titel werden, die ergänzenden Gedanken Untertitel. Dieses Vorgehen, das auch als Nominalisierung bezeichnet wird, hilft die Information zu verdichten und zusammenzufassen.

- Stellen Sie eine Gliederung des Textes auf. Schreiben Sie Titel und Untertitel so auf, dass Sie eine Gliederung erhalten, aus der man auch die Beziehung der einzelnen Teile untereinander ersehen kann. Zwischen Titel und Untertitel schreiben Sie die entsprechende Konjunktion. Meistens ist das durch ein mathematisches Zeichen möglich.

Diese Gliederung bildet das Gerüst für Ihre Notizen. Sie müssen jetzt nur noch kurz die entsprechenden Informationen einfügen, die noch nicht in den Titeln und Untertiteln enthalten sind, die Sie aber für notwendig halten, um später den Inhalt wieder zu erinnern. Oft genügt aber schon die Gliederung.

Wie gehen Sie vor?

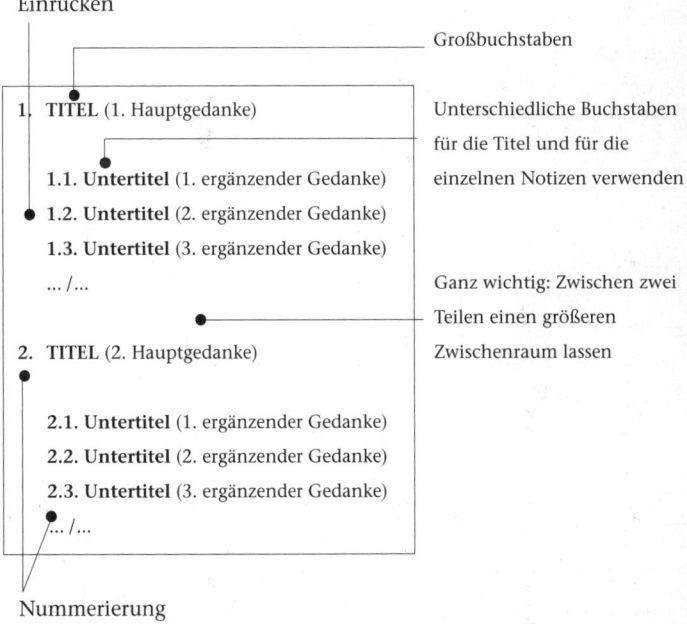

Einrücken

Großbuchstaben

1. TITEL (1. Hauptgedanke)

Unterschiedliche Buchstaben für die Titel und für die einzelnen Notizen verwenden

1.1. Untertitel (1. ergänzender Gedanke)
1.2. Untertitel (2. ergänzender Gedanke)
1.3. Untertitel (3. ergänzender Gedanke)
... /...

Ganz wichtig: Zwischen zwei Teilen einen größeren Zwischenraum lassen

2. TITEL (2. Hauptgedanke)

2.1. Untertitel (1. ergänzender Gedanke)
2.2. Untertitel (2. ergänzender Gedanke)
2.3. Untertitel (3. ergänzender Gedanke)
... /...

Nummerierung

Die Anordnung ist bei der gegliederten Notierweise von grundlegender Bedeutung. Wenn die Gliederung der Gedanken und ihre jeweilige Relevanz aus der Präsentation hervorgeht, reicht ein Blick, um den Aufbau des Textes nachzuvollziehen.

Benutzen Sie auf jeden Fall unterschiedliche Buchstaben und Farben für Titel und Untertitel; lassen Sie Zwischenräume, nummerieren Sie, ordnen Sie neu.

Statt der im Beispiel benutzten dezimalen Nummerierung können Sie auch das traditionelle Nummerierungssystem wählen.

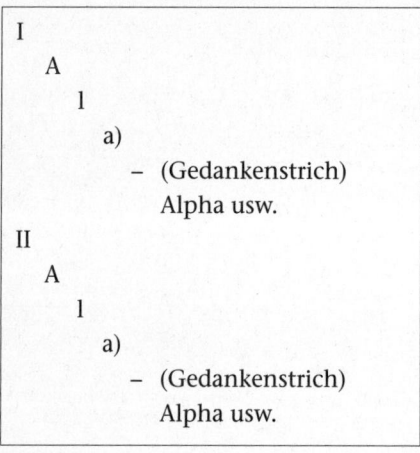

Beispiel für eine gegliederte Notierweise

Die Informationsflut

In den hundert Jahren von der Entdeckung des Telegrafen im Jahr 1840 bis zum Beginn des zweiten Weltkrieges wurden sämtliche modernen Masseninformationstechniken eingeführt: Telegraf (1840), Rotationspresse für Zeitungen (1847), Telefon (1870), Radio (1922) und schließlich das Fernsehen (1930). Im gleichen Zeitraum wurde durch den Niedergang der Königreiche und der autoritären Regime die freie Meinungsäußerung möglich bzw. war eine zwangsläufige Folge dieser Entwicklung. Am Ende lagen die technischen und politischen Voraussetzungen für eine Explosion der Information vor, und die bisherigen Denkgewohnheiten und Verhaltensweisen wurden dadurch über den Haufen geworfen. Aus Wenigem wurde viel, aus Verspätetem Aktuelles, aus Teurem Billiges und oft sogar Kostenloses, aus Falschem wurde weniger Falsches.

Während jahrhundertelang der gutinformierte Mensch ein Privilegierter war, ist die Information für den Bürger der industrialisierten Welt nur noch ein Konsumgegenstand, den er auch ohne Zögern verschwendet. Er ziert sich zwar noch ein bisschen, wenn er Nahrung wegwirft oder ein Buch, das er gekauft hat, nicht liest, aber ohne mit der Wimper zu zucken, lässt er sich seinen Hering in eine Zeitung einrollen, von der vielleicht gerade mal zwei Spalten gelesen worden sind. Die Zeitschriften türmen sich auf den Tischen der Abonnenten, die gar nicht die Zeit haben, sie zu lesen. Die Radios und Fernsehgeräte bleiben während der Nachrichtenlawine, die sie ausschütten, meist ausgeschaltet, und nur eine Minderheit verfolgt sie. Information ist heute nur noch ein Produkt wie etwa Wasser oder Strom, das immer zur Verfügung steht und das man nach Lust und Laune konsumiert.

Der Preis der Information ist lächerlich gering geworden. Für den Gegenwert einer wöchentlichen Fleischportion erhält man jeden Tag das ganze Jahr über Dutzende von vollgestopften Titelseiten. Die Nachrichten aus Funk und Fernsehen sind dagegen kostenlos, wenn man das Gerät, das zur Freizeitgestaltung gerechnet wird, erst einmal erworben und die Gebühr bezahlt hat.

Da vom Finanziellen her gesehen die Information zum Nebenprodukt der Werbung geworden ist und für jeden Geldbeutel bezahlbar, ist sie die modernste demokratische Ware, denn sie steht dem Minister ebenso zur Verfügung wie dem einfachen Bankangestellten. Was die beiden jedoch unterscheidet, ist dass der Angestellte mehr Zeit zur Verfügung hat als der Minister und, wenn er will, die Nachrichten intensiver aufnehmen und darüber nachdenken kann, während der Minister hingegen die Möglichkeit hätte, aus den Nachrichten Schlussfolgerungen zu ziehen und entsprechende Entscheidungen zu treffen (das denkt jedenfalls der Angestellte).

Aber von all den erzielten Erfolgen ist der wichtigste und doch am wenigsten erreichte der der Qualität. Die Gewohnheit, zu schreiben und aufzuzeichnen, die Recherche, die Beschreibung des Ereignisses und seine Überprüfung, die Entstehung richtiger Informationsberufe haben gleichzeitig die Zuverlässigkeit der Information und die Erwartungen der Öffentlichkeit zunehmen lassen. Nichtsdestoweniger genügt es, seine Aufmerksamkeit auf die an einem Tag neu hereingekommenen Nachrichten zu lenken, um die beschränkten Erfolge der Bemühungen zu erkennen. Übertreibungen, Verallgemeinerungen, übertriebene Vereinfachungen, Auslassungen, schlechte Interpretationen – ohne von der Menge der Falschmeldungen zu sprechen – verfälschen die verbreiteten Nachrichten bis zur Unkenntlichkeit. Die Ungenauigkeiten und Falschdarstellungen sind umso gefährlicher, als die einschüchternde Größe der Medien den Nachrichtenkonsumenten glauben macht, dass der Inhalt der Nachricht der Wahrheit entspricht. Fehler werden auch viel leichter übernommen, als das noch bei den Großeltern der Fall war, die noch gelernt hatten, in Zweifel zu ziehen, was ihnen gesagt wurde. Nun, die Mehrzahl der Meldungen ist insgesamt richtig, während vor hundert Jahren die Mehrzahl davon falsch war. Aber das macht die Minderheit der falschen Nachrichten noch gefährlicher, die eben falsch bleiben, und die auch die Leser, die sich mit dem Beruf auskennen, nicht zu unterscheiden vermögen ...[13]

Wie gehen Sie vor?

1. Etappe: Überfliegen.

2. Etappe: Fragen formulieren.

3. Etappe: Lesen.

4. Etappe: Die großen Teile, also den Aufbau herausfinden.
Bei diesem Text entspricht jeder Abschnitt einem Teil. Der Erste ist eine Einleitung, die das behandelte Thema einführt. Der letzte Satz erwähnt die Punkte, die im Folgenden behandelt werden.

Wie erkennt man die einzelnen Teile?
• Dank der Aufteilung in Abschnitte.
• Indem man den Anfang der Abschnitte liest, wobei sich die Notwendigkeit des Absatzwechsels bestätigt – oder in manchen Texten widerlegt. Stellen Sie sich immer die Frage: Ist das wirklich ein neuer Gedanke? Die wichtigsten Gedanken finden sich häufig zu Beginn des Abschnittes.
• Der letzte Abschnitt könnte in zwei Teile unterteilt werden, nämlich auf der einen Seite der Fortschritt durch die Medien, auf der anderen Seite die daraus erwachsenden Probleme. Diese Unterteilung kann aber nicht räumlich festgemacht werden, da beide Teile miteinander vermischt sind. Ich habe mich daher dafür entschieden, die Gliederung so aufzubauen, dass ich den letzten Abschnitt als einen Teil ansehe. Vergessen Sie nicht, den Kontrast zwischen Fortschritt und Problemen durch das Symbol »≠« darzustellen.

5. Etappe: Schlüsselwörter herausfinden.
Sie können die Wörter aufschreiben oder aber die Idee, die sie repräsentieren, das heißt bereits eine erste Übersetzung durchführen (Beispiel: »Anfang des zweiten Weltkrieges« = 1939).

- Teil 1 (Abschnitt 1)
- 1840 → 1939 – technische Basis für Massenmedien vorhanden – Ende Autoritarismus → freie Meinungsäußerung – materielle + politische Voraussetzungen vorhanden → Explosion der Information → Denkgewohnheiten umwerfen – Überfülle – aktuell – billig – weniger falsch.
- Führen Sie die gleiche Arbeit für die anderen Teile durch.

6. Etappe: Die logischen Konjunktionen herausfinden
- Teil 1
- im gleichen Zeitraum (angrenzend) – am Ende (im chronologischen Sinn) – dadurch (gibt die Folge an, kann durch einen Pfeil dargestellt werden) oder ähliches.

7. Etappe: Wieder aufrufen

8. Etappe: Überprüfen

9. Etappe: Ein oder zwei Sätze verfassen, die den Gedankengang eines jeden Teils wiedergeben.

10. Etappe: Aus den Gedanken Titel und Untertitel formulieren
Teil 1 (Abschnitt 1)

Hauptgedanke 1: Explosion der Information (der Hauptgedanke ist immer der Oberbegriff des ganzen Absatzes).
Ergänzender Gedanke 1: Technischer Fortschritt
Ergänzender Gedanke 2: Politischer Wechsel und freie Meinungsäußerung
Ergänzender Gedanke 3: Umwälzung der Mentalität

Die vorgeschlagenen Titel sind informative Titel. Sie können auch, um das Behalten zu erleichtern, Titel formulieren, die sich näher an die journalistischen Titel anlehnen.

11. Etappe: Gliederung des strukturierten Notierens aufstellen

1. **Explosion der Information**
1.1. technischer Fortschritt   zeigt die
       +   Folgen auf
    1.2. politischer Wechsel und ~~freie~~ Meinungsäußerung
       ↓   zeigt die Entwicklung
    1.3. Umwälzung der Mentalität   des Gedankenganges
       +

2. **ein gängiger Konsumgegenstand**
2.1. früher ein wenig verfügbares Produkt
       ≠
    2.2. heute ein verschwendetes Produkt
       2.2.1. ungelesene Bücher und Zeitschriften
       2.2.2. die Zeitung als Verpackungsmaterial
       2.2.3. ausgeschaltete Radio- und Fernsehgeräte
    2.3. ein verfügbares Produkt
       +

3. **ein erschwingliches Produkt**
3.1. ein billiges Produkt
    3.2. kostenlose Nachrichten nach Kauf des Gerätes
       +

4. **kostenlose Nachrichten**
4.1. gleiche Informationen für alle
    4.2. Unterschied im Grad der Nutzung
       4.2.1. eingesetzte Zeit
       4.2.2. Fähigkeit zur Analyse
       +

5. **ein zuverlässiges Produkt, aber**
5.1. ein Beruf, den man erlernt
       +
    5.2. eine große Zahl richtiger Informationen
       ≠
    5.3. Verfälschung einiger Nachrichten
       5.3.1. Ungenauigkeiten
       5.3.2. Irrtümer
       +
    5.4. leichtgläubige Konsumenten
       5.4.1. beeindruckte Konsumenten
       5.4.2. nicht ausgebildete Kritikfähigkeit
       ↓
    5.5. Falschmeldungen, Vorsicht Gefahr

Notieren als gegliedertes Schema oder als Baum

Wie stellt man ein Gliederungsschema auf?

Die Methode baut auf dem gleichen Prinzip auf wie die vorhergehende, aber die Anordnung stellt noch mehr die Struktur der Gedanken heraus. Außerdem zwingt Sie zu größerer Knappheit.

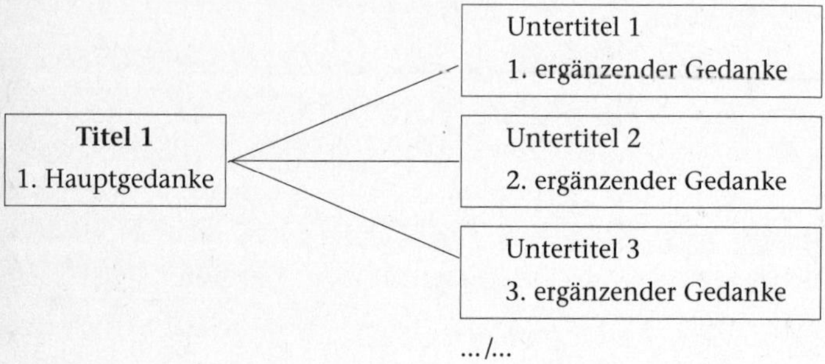

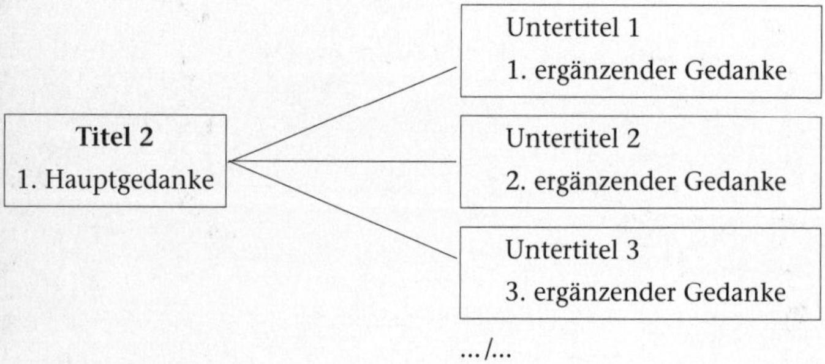

Titel 1 1. Hauptgedanke	Untertitel 1 1. ergänzender Gedanke
	Untertitel 2 2. ergänzender Gedanke
	Untertitel 3 3. ergänzender Gedanke

.../...

Titel 2 1. Hauptgedanke	Untertitel 1 1. ergänzender Gedanke
	Untertitel 2 2. ergänzender Gedanke
	Untertitel 3 3. ergänzender Gedanke

.../...

Diese Art des Notierens ist auch im Querformat möglich.

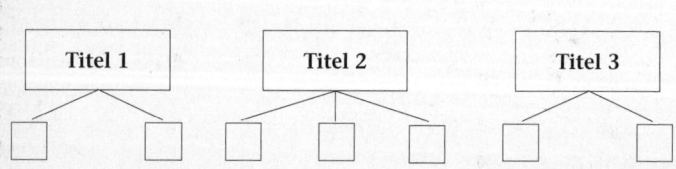

Beispiel eines gegliederten Schemas (Text Seite 110)

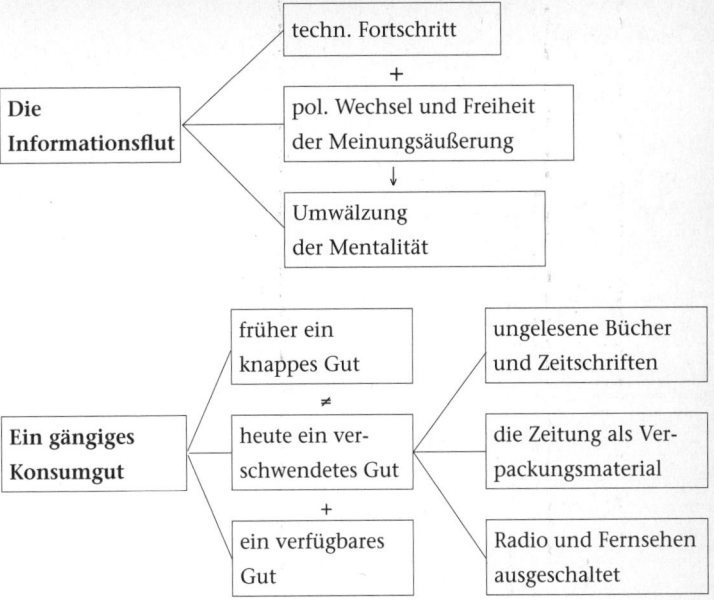

Vervollständigen Sie dieses Schema mit Hilfe des gegliederten Notierens (Seite 115)

Die Zusammenfassung

Die Zusammenfassung ist eine Art des Notierens. Die linkshälftig Gesteuerten werden sich damit gut fühlen, weil sie ausformuliert ist. Wenn Sie eine Zusammenfassung machen wollen, können Sie das unter Zuhilfenahme einer Gliederung des Textes (Seite 115) machen. Dann haben Sie sämtliche notwendigen Elemente zur Verfügung:

- die Anordnung zeigt den Aufbau und die Gliederung des Textes als Schema;
- die Hauptgedanken und die ergänzenden Gedanken sind gefunden;

- die Titel und Untertitel sind schon eine erste Zusammenfassung, die die wichtigen Gedanken, die nicht verloren gehen dürfen, knapp wiedergibt;
- die Symbole zwischen den Teilen geben Auskunft über die Beziehung der Teile untereinander.

Danach reicht es fast aus, diese Gliederung in Sätze zu fassen, um zu einer Zusammenfassung zu kommen. Versuchen Sie es; Sie werden erstaunt über Ihr Ergebnis sein.

Tabelle der Schlüsselwörter

Eine andere Möglichkeit ist es, eine Schlüsselwort-Tabelle zu erstellen. Vertikal notieren Sie die verschiedenen Abschnitte oder Teile. Für jeden dieser Teile schreiben Sie in abgekürzter Form die gefundenen Schlüsselwörter auf.

Die Schlüsselwörter sind wie eine Blinkleuchte, die Sie den Gedanken wiederfinden lässt. Wenn Sie die Tabelle durchsehen, werden Sie quasi den Text schnell wiedergelesen und erinnert haben.

	Schlüssel-wörter 1	Schlüssel-wörter 2	Schlüssel-wörter 3	Schlüssel-wörter 4	.../...
Abschnitt 1 oder Teil 1					
Abschnitt 2 oder Teil 2					
Abschnitt 3 oder Teil 3					
.../...					

Beispiel für eine Schlüsselwort-Tabelle

	Schlüsselwörter 1	Schlüsselwörter 2	Schlüsselwörter 3	Schlüsselwörter 4	Schlüsselwörter 5	Schlüsselwörter 6
§ 1	1840 → 1939	technische Grundlage für Informationsflut vorhanden	Untergang des Autoritarismus → Freiheit der Meinungsäußerung	Vorliegen politischer und materieller Voraussetzungen für die Nachrichtenschwemme	Tiefgreifende Veränderung der Denkgewohnheiten	
§ 2	Konsumgut verschwendet	in Zeitung einpacken	Zeitungen stapeln sich	Radio + Fernsehen abgeschaltet	stets verfügbares Gut	
§ 3	Gedrucktes zu Spottpreisen	audiovisuelle Nachrichten gratis				
§ 4	demokratisch	Angestellte + Zeit	Minister = bessere Analyse			
§ 5	Qualität	richtige Berufe	beschränkte Erfolge, Auswirkungen	verfälschte Meldungen	unkritische Verbraucher	Gefahr Falschmeldungen

Mind-Map
Wie erstellt man ein Mind-Map?
Die Technik des Mind-Map besteht darin, das Hauptthema ins Zentrum zu schreiben und die einzelnen Gedanken strahlenförmig, sich verästelnd, vom Hauptthema ausgehend anzuordnen. Die Gedanken werden in Form von Schlüsselwörtern auf den Astlinien angeordnet, die sich wiederum verzweigen können.

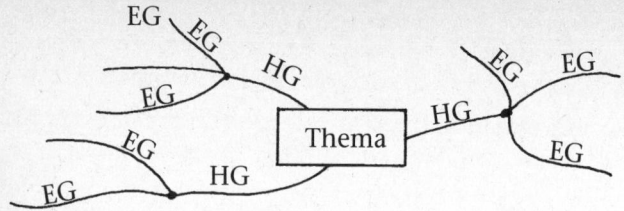

HG= Hauptgedanke
EG = ergänzender Gedanke

Die Hauptgedanken befinden sich nahe beim Zentrum, die ergänzenden Gedanken sind an der Peripherie platziert.
Das folgende Mind-Map bezieht sich auch wieder auf den Text
Seite 110f. Die Farbe ist bei dieser Art des Notierens sehr wichtig. Leider ist unser Beispiel jedoch in Schwarzweiß. Wenn Ihnen das Buch gehört, markieren Sie mit verschiedenen Farben.
Beispiel für ein Mind-Map:

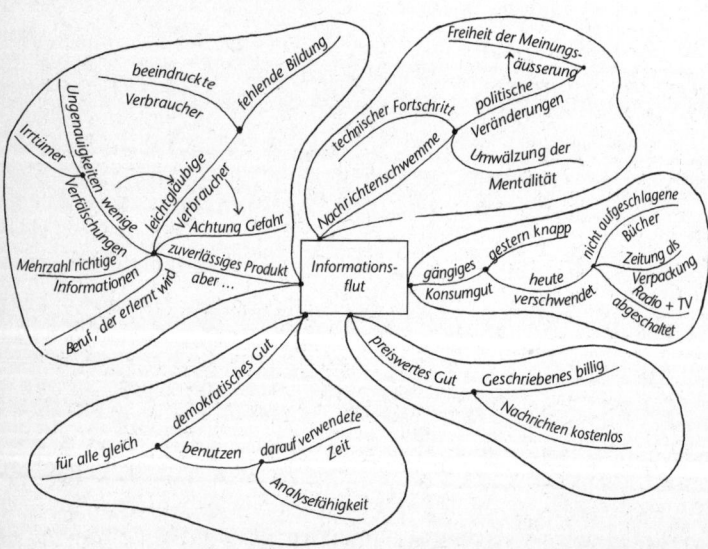

Woher kommt das Mind-Map?

Tony Buzan, ein englischer Pädagoge, hat als einer der ersten diese Art der Darstellung bei der Arbeit mit Kindern eingesetzt, die in einem benachteiligten Viertel von London in der Schule versagt haben. Die Fortschritte dieser Kinder waren spektakulär: Sie konnten ihren Rückstand aufholen und sogar den Durchschnitt überholen.

Plädoyer für das Mind-Map

1. Diese Methode steht mit der Funktionsweise des Gehirns in Einklang. Die Gestaltung des Mind-Map regt nicht nur beide Hemisphären an – dadurch, dass es Analyse und Synthese enthält –, sondern es erleichtert auch das Herstellen von Verbindungen, den Übergang von einem Gedanken zum anderen. Es entspricht damit genau dem, was die letzten Forschungen auf dem Gebiet der Neurowissenschaft ergeben haben: Das Gehirn arbeitet normalerweise durch Interaktion und Kombination und nicht auf lineare Art und Weise.

2. Die Methode fördert das Gedächtnis. Die Nähe der Gedanken erleichtert die Verbindungen, und da das Gedächtnis nach einem assoziativen Prozess arbeitet, ist das Behalten besser. Zudem ist inzwischen bewiesen, dass ein einmaliges Lernen unzureichend ist. Wenn keine Wiederholungen stattfinden, kann das Gehirn seine Funktion nicht ausüben. Es geht schneller, anhand eines Mind-Map zu wiederholen, als anhand linear erstellter Notizen, die immer umfangreicher sind. Darüber hinaus ist jedes Mind-Map unterschiedlich: Die Visualisierung ist eine zusätzliche Gedächtnisstütze.

3. Die Methode fördert die Kreativität. Die Mind-Maps sind besonders wertvoll als Vorratslager für Informationen, wenn es um das Verfassen eines Textes geht (Referat, Hausarbeit). Sie ermöglichen das Auseinandernehmen der ursprünglichen Botschaft und erleichtern, einen eigenen Aufbau zu finden.

Jeder Entwurf bleibt offen: Sie können jederzeit eine weitere Verästelung, das heißt auch neue Ideen hinzufügen. Bei einer linearen Notierweise wäre dies nicht möglich und würde nur zu unleserlichen Einschüben führen, die oftmals verwirren.

Trotz all seiner Vorteile überrascht das Mind-Map viele und missfällt sogar manchmal insbesondere jenen, die linkshälftig orientiert sind. Jedes Jahr begegne ich Studenten, für die diese Art der Darstellung eine wahre Offenbarung war. So mancher hat mir versichert, dass ihm mit dieser Methode Texte »erschlossen« wurden, die ihm zuvor allzu trocken erschienen sind. Andere benutzen das Mind-Map, um während des Unterrichts mitzuschreiben. Es wäre schade, es nicht einmal zu versuchen – auch wenn es nur ein einziges Mal ist –, allein um zu wissen, ob es Ihnen gefällt.

Welche Methode soll man wählen?
Die Notizen sind abhängig vom Vorhaben
Hier kann es sich um drei doch sehr unterschiedliche Einsatzfelder handeln:

Im Gedächtnis speichern
Wenn Sie Notizen machen, um etwas zu lernen oder zu behalten, müssen Sie wissen, dass das Gedächtnis anspruchsvoll ist: Es verlangt nach mehreren Wiederholungen. Die Gedächtniskurven zeigen, dass 80 Prozent der Informationen bereits am nächsten Tag vergessen sind. Um das Wissen langfristig im Gedächtnis zu verankern, sind fünf bis sechs Wiederholungen notwendig.

Für das Wiederholen ist es nicht notwendig, alles noch einmal zu lesen, sondern es genügt, kurz die Notizen durchzugehen. Daher empfiehlt sich hierfür eine Notierweise, die auf kleinstem

Raum die größtmögliche Menge von Informationen konzentriert. Wenn Sie lieber ausführlichere Notizen machen, lesen Sie beim Wiederholen nur Titel und Untertitel.

Dokumentation als Grundlage für eine eigene schriftliche Arbeit
Wenn Ihre Notizen als Brücke zwischen dem Geschriebenen von anderen und Ihrem eigenen dienen sollen, müssen Sie sich auf jeden Fall die Möglichkeit offen lassen, Ihre Gliederung zu wählen. Das Wesentliche an einer Arbeit, die auf einer Dokumentationsarbeit aufbaut, sind nicht die Informationen selbst (die gab es ja schon), sondern die Art und Weise der Darbietung und Gestaltung.

Zu einem solchen Zweck ist eine strukturierte Notierweise nicht ratsam, denn sie könnte Sie beim Ausarbeiten Ihrer Problemstellung behindern. Hierfür ist eine Methode effizient, die darin besteht, ein Blatt oder einen Zettel für jede zum Thema gestellte Frage vorzubereiten. Auf jedes Blatt schreiben Sie dann die Informationen zu der Frage, und zwar in Form eines Mind-Maps oder als komprimierten Satz.

Grundlage für eine mündliche Darstellung
Schließlich können die Notizen auch als Grundlage für einen Vortrag oder ganz allgemein für eine mündliche Darstellung dienen. In diesem Fall vermeiden Sie die Zusammenfassung; denn da es sich dabei um einen ausformulierten Text handelt, wären Sie verleitet, ihn zu lesen, statt ihn frei zu sprechen. Hier sollen die Notizen eher eine Art Entwurf, eine Gedankenstütze sein, von der ausgehend Sie Ihre Gedanken entwickeln.

Die Notizen sind abhängig vom Dokument
Ein Text, in dem die Hierarchie der Gedanken sehr wichtig ist, verlangt eher eine gegliederte Notierweise als eine Schlüsselwort-Tabelle.

Die Notizen sind abhängig von Ihrer Persönlichkeit

Dominiert bei Ihnen mehr die linke Gehirnhälfte? Ihre eher auditive als visuelle Geisteshaltung wird sich mit der Zusammenfassung und der Schlüsselwort-Tabelle wohl fühlen.

Dominiert bei Ihnen eher die rechte Gehirnhälfte? Ihre visuelle Denkweise braucht Notizen, deren Anordnung und Darstellung den Blick fangen. Hier sind gegliederte Notizen und Mind-Maps angezeigt. Denken Sie immer daran, alle zur Verfügung stehenden Möglichkeiten zu nutzen, um wichtige Elemente hervorzuheben: Farben, unterschiedliche Schriftarten.

Zusammenfassung

➤ verarbeitete Information = besser behaltene Information

➤ unterschiedliche Notiertechniken = effizientes Notieren

Trainingsaufgaben

Ziel: Die unterschiedlichen Techniken einsetzen können.

Übung 1

1. Lesen Sie den Text und folgen Sie dabei dem Leitfaden für vertieftes Lesen; überspringen Sie eventuell die Etappen 5 und 6.

2. Schreiben Sie die Informationen auf und benutzen Sie dazu drei verschiedene Techniken:

   a) gegliedertes Notieren oder eine Gliederung als übersichtliches Schema;

   b) eine Zusammenfassung oder eine Schlüsselwort-Tabelle;

   c) ein Mind-Map.

Welt aus den Angeln

(Im vorausgegangenen Text hat der Autor aufgezeigt, dass die Zerstörung der Natur durch den Menschen kein neues Phänomen ist.)

In der heutigen Zeit hat sich die Lage in bisher nicht gekanntem Maß verschlimmert. Der Mensch der industriellen Gesellschaft hat sich des gesamten Globus bemächtigt. Wir erleben gerade eine richtiggehende Bevölkerungsexplosion, die in der Geschichte der Menschheit kein Äquivalent hat. Alle Phänomene, an denen der Mensch teilhat, laufen mit erhöhter Geschwindigkeit und mit einem Rhythmus ab, der sie fast unkontrollierbar macht. Der Mensch muss sich mit unüberwindlichen Wirtschaftsproblemen auseinandersetzen, von denen die chronische Unterernährung eines Teils der Bevölkerung nur eines der augenscheinlichsten ist. Aber es gibt noch schlimmere. Der moderne Mensch vergeudet leichten Herzens nichterneuerbare Ressourcen, natürliche Brennstoffe, Mineralien, was den Untergang der modernen Zivilisation zur Folge haben kann. Die erneuerbaren Ressourcen, also die, die wir aus der lebenden Welt gewinnen, werden mit einer ungeheuren Verschwendungssucht verbraucht. Dies ist noch schlimmer, denn das kann die Ausrottung der menschlichen Rasse selbst zur Folge haben: Der Mensch kann auf alles verzichten, nur nicht auf das Essen. Er legt ein blindes Vertrauen in die neu eingeführten Techniken an den Tag. Der durch Physik und Chemie erzielte Fortschritt hat die Leistungsfähigkeit der uns zur Verfügung stehenden Hilfsmittel in fantastischem Ausmaß wachsen lassen. Das hat uns veranlasst, einen ausgesprochenen Kult mit der Technik zu betreiben, die wir jetzt für fähig halten, alle unsere Probleme zu lösen, und zwar ohne Unterstützung der Umwelt.

Viele unserer Zeitgenossen schließen daraus, dass sie das Recht haben, alle Brücken zur Vergangenheit abzubrechen. Alle Gesetze, die bisher die Beziehung des Menschen zu seiner Umwelt geregelt haben, scheinen überholt. Der alte Pakt, der den Menschen mit der Natur

verband, ist zerbrochen, und der Mensch glaubt, jetzt genügend
Macht zu besitzen, um sich aus dem umfassenden biologischen Ver-
bund lösen zu können, der der Seine war, seit er auf der Erde ist.[14]

Versuchen Sie anhand Ihrer Notizen, den Inhalt der beiden Texte zu rekonstruieren.

Übung 2

Machen Sie mit der gewählten Technik Notizen zu jedem Teil
oder Baustein dieses Buches. Schauen Sie wieder auf Seite 92:
Haben sich Ihre Vorstellungen über das Notizenmachen geän-
dert?

Der Baustein als Schema

Schema 1: Leitfaden für vertieftes Lesen

Ich überfliege	Ich stelle Fragen	Ich lese das Ganze	Ich finde die Strukturen heraus
rechte Gehirnhälfte	linke und rechte Gehirnhälfte	linke Gehirnhälfte	rechte Gehirnhälfte

Ich finde die Schlüsselwörter heraus	Ich finde die logischen Konjunktionen heraus	Ich rufe visuell und/oder audi-tiv wieder auf. Linke und/oder	Ich überprüfe
linke Gehirnhälfte	linke Gehirnhälfte	rechte Gehirnhälfte	linke Gehirnhälfte

Schema 2: Die Art der Notiertechnik ist von drei Faktoren abhängig

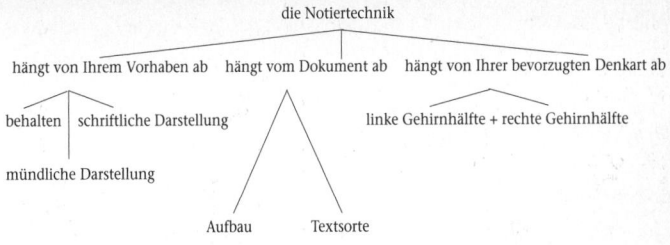

die Notiertechnik

hängt von Ihrem Vorhaben ab   hängt vom Dokument ab   hängt von Ihrer bevorzugten Denkart ab

behalten | schriftliche Darstellung   linke Gehirnhälfte + rechte Gehirnhälfte

mündliche Darstellung

Aufbau   Textsorte

Schema 3: Wahl der Technik

Zweck der Notizen	Besonderheiten der Notizen	geeignete Methoden für linke Gehirnhälften	geeignete Methoden für rechte Gehirnhälften	vermeiden
Behalten	zusammenfassende Notizen, die schnelle Wiederholung ermöglichen – Notizen, die den Einsatz des ganzen Gehirns ermöglichen (in diesem Fall sowohl eine Methode für die rechte als auch die linke Gehirnhälfte einsetzen)	Zusammenfassung – Schlüsselwort-Tabelle	gegliedertes Notieren (Titel und Untertitel) – Gliederung als Mind-Map	umfangreiche Notizen ohne Hervorhebungen/ Markierungen
Informationen festhalten für eine schriftliche Arbeit	Notierweise, die eine individuelle Strukturierung zulässt	Schlüsselwort-Tabelle	Mind-Map	gegliedertes Notieren oder Gliederung als Schema
Informationen festhalten für eine mündliche Darstellung	Notizen = Gedankenstütze	Schlüsselwort-Tabelle	gegliedertes Notieren – Gliederung als Schema	Zusammenfassung

ANHANG: LÖSUNGEN ZU DEN AUFGABEN

Baustein Einführung

Test: Welche Gehirnhälfte dominiert bei Ihnen? (Seite 6)
Erklärung zur Frage 11: Die »linkshirnig Orientierten« wählen
gewöhnlich die linke Seite des Saals, so ist die Leinwand rechts
von ihrem Gesichtsfeld, das bedeutet, dass sie die Leinwand mit
ihrem rechten Auge und ihrer linken Gehirnhälfte sehen. Für
die »rechtshirnig Orientierten« geschieht das ganze umgekehrt.

Übung 1 (Seite 18)
1. richtig, 2. richtig, 3. falsch, 4. richtig, 5. richtig, 6. falsch,
7. richtig, 8. richtig.

Übung 2 (LH = Linke Gehirnhälfte; RH = Rechte Gehirnhälfte)
(Seite 19)
1. LH , 2. RH, 3. LH, 4. LH, 5. RH, 6. LH, 7. RH, 8. LH, 9. LH, -
10. RH, 11. LH, 12. LH.

Übung 3 (Seite 20)
Hier einige mögliche Antworten.
1. Automat, Feder – 2. Gargantua, Cromagnon-Mensch – 3. Fil-
ter, Sieb, Schleuse, Code – 4. eher ein Hund oder eine Katze als
eine Schildkröte oder eine Schnecke – 5. Fontane, Goethe, Hes-
se, Châteaubriant, Rimbaud oder auch jeder andere Schriftstel-
ler, Dichter, Künstler, dessen Werk sich mit Emotionen ausein-
andersetzt – 6. Computer, Arbeitsplanung, Tonbandgerät –
7. Buchhalter, Informatiker, Jurist, Biologe – 8. Hercule Poirot:

Er schaut sich alles minutiös genau an, die Hinweise einen nach dem anderen, sein Vorgehen ist analytisch, deduktiv – 9. Bildschirm, Kamera, Bild – 10. Maler, Romanautor, Filmemacher, Dekorateur, Werbefachmann – 11. Columbo, Maigret: Sie lassen die Atmosphäre auf sich einwirken, sie versuchen, die Psychologie der Personen zu verstehen, ihre Beweggründe festzustellen; ihr Vorgehen ist eher intuitiv als analytisch.

Baustein 1

Fragebogen: Ihre Einstellung zum Lesen *(Seite 24)*
1. Falsch: Das Gesichtsfeld ermöglicht es, mehrere Wörter auf einmal aufzunehmen.
2. Falsch: Die schnellen Leser stellen zumeist besseres Verstehen unter Beweis.
3. Falsch: Die schnellen Leser stellen besseres Behalten unter Beweis.
4. Falsch: Die Lesegeschwindigkeit kann immer verbessert werden.
5. Richtig oder falsch, das hängt von Ihrem Ziel ab: Wenn Sie sich nur einen Überblick über den Inhalt des Werkes verschaffen wollen, können Sie sich damit begnügen, nur die Knotenpunkte zu lesen; wenn Sie aber das Werk analysieren wollen, ist es besser, es ganz zu lesen.
6. Falsch: die beste Taktik ist es, Titel und Untertitel sowie typografische Hervorhebungen zu überfliegen.
7. Falsch: Es ist sinnvoll, den Abschnitt erst zu Ende zu lesen und dann in einem zweiten Schritt das Wörterbuch aufzuschlagen.
8. Falsch: Im Text zurückzugehen ist oft unnütz.

Trainingsaufgaben (Seite 27)
1. b – 2. c – 3. a, c, e, g – 4. a, d – 5. b – 6. c.

Lesen mit einer »Länge Vorsprung«*
Trainingsaufgaben (Seite 36)

1. abbiegen	2. zwangsläufig
3. Einkaufswagen	4. niedrigsten
5. einfache	6. Artikel
7. am	8. manchen
9. Weg	10. die
11. sich	12. jenes
13. vollgestopft	14. der
15. Durchgang	16. Händler
17. anbieten	18. eine
19. vor	20. loszuwerden
21. vorne	22. wenn
23. zeigt	24. Hausfrau
25. Paket	26. Verpackung
27. da	28. mit
29. Eine	30. eigentlich
31. ist	32. wissen
33. fast	34. ist
35. kommt	36. auch
37. nach	38. Viele
39. und	40. identische
41. befand	42. Farbtöne
43. wohlhabende	44. den
45. Verkaufsflächen	46. Produkt
47. als	48. Regalen
49. großen	50. Die

* Hier sind natürlich nur die Wörter des ursprünglichen Textes angegeben. Alle Synonyme sind ebenfalls richtig.

Das genaue visuelle Erfassen
Reihe 1
Übung 1 (Seite 40)
Zielwort
Meldung 2x
Informieren 2x
Durchblick 1x
Mund 2x
Zeitung 2x

Reihe 2
Übung 1 (Seite 41)
1. Helligkeit – 2. konzentriert sein – 3. tadeln – 4. verschwenden – 5. bedeutend – 6. ausführen – 7. belasten – 8. verbieten – 9. ausatmen – 10. beruhigen

Übung 2 (Seite 41)
1. fruchtbar – 2. schließen – 3. Anhänger – 4. ausdehnen – 5. Elastizität – 6. explizit – 7. Misserfolg – 8. Leichtgläubigkeit – 9. zuverlässig – 10. lieben

Das Gesichtsfeld
Übung 1 (Seite 46)
1. Literatur, Psychologie, Mathematik, Geographie, Philosophie, Elektronik
2. Hagelschauer, dichter Nebel, heißer Sommer, verregneter Herbst

Übung 2 (Seite 48)
1. bezahlter Urlaub, Sozialversicherung, Arbeitslohn, Krankenversicherung, Dollarabschwung, Streik im Verkehrswesen, Kindergeld
2. ein fesselnder Roman, eine Bibliographie, Inhaltsverzeichnis

Baustein 2

Das Wichtigste herausfiltern
Übung 1 (Seite 74)

Die Bleikrankheit fordert weitere Opfer

Weil sie in ungesunden Wohnungen lebten, sind in Paris im Jahr 1985 zwei Kinder gestorben. Zwei Kinder, die man nicht rechtzeitig retten konnte, weil die Krankheit, die sie getötet hat, nur sehr schwer erkannt werden kann. Ihr Name ist Bleikrankheit, und sie ist eine richtige, schleichende »Epidemie«. Ausgangspunkt dieser Heimsuchung ist die Bleiweißfarbe.

Das Bleiweiß, das, bis es 1948 verboten wurde, sehr häufig verwendet wurde, ist ein Bleikarbonat, das sehr giftig ist, wenn es eingeatmet oder eingenommen wird. Unsere Großeltern tünchten ihre Wände mit Farben, die es enthielten. In den reichen Vierteln ist es dann bei Renovierung und Sanierung verschwunden. Aber in vielen Elendsvierteln gibt es diesen Anstrich immer noch, und er zersetzt sich. Die Kinder kratzen Stückchen davon ab, und essen sie auf, weil sie süß schmecken. Oder aber sie führen ihre mit dem Staub beschmutzen Finger in den Mund und nehmen es so auf. Dieses Verhalten ist besonders gefährlich für den kindlichen Organismus, weil sich 50 Prozent des Bleis, das aufgenommen wird, ablagert. Das ist eine fünfmal höhere Belastung als beim Organismus eines Erwachsenen, zudem ist das Metall schon in sehr geringer Dosis giftig. Innerhalb von fünf Jahren wurden in Paris mehr als dreihundert Kinder mit Bleikrankheit (fast alle waren Ausländerkinder) in Krankenhäuser eingewiesen. Ein Drittel dieser Kinder hatte schwere Enzephalopathie. Von 1 500 untersuchten Jugendlichen hatten 70 Prozent einen Anteil von Blei im Blut, der auf lange Sicht neurologische Folgen haben kann.

Prävention hat Vorrang

Diese Zahlen repräsentieren jedoch nur die Spitze des Eisbergs: ein systematisches Feststellen der Krankheit wird nur in sechs Arondissements von Paris durch die Mutter-und-Kind-Beratungszentren durchgeführt. Außerhalb dieser sechs Stadtteile weiß man überhaupt nichts über die Bekämpfung dieser Krankheit. Außerhalb der Hauptstadt ist bisher noch kein Fall registriert worden. Da die Kinderärzte auch nicht darauf hingewiesen wurden, kommen sie auch nicht auf die Idee, eine Bleikrankheit zu diagnostizieren. Die Diagnose der Krankheit ist sehr schwierig, weil die Symptome zu Anfang denen normaler Pathologien gleichen. Aber unentdeckt, greift die Krankheit das Gehirn des Kindes an. Wenn sie das Lernzentrum befällt, kann sie zu einer geistigen und verhaltensmäßigen Rückentwicklung führen, die nicht mehr rückgängig gemacht werden kann. Auch wenn richtig diagnostiziert wird, ist es nicht immer leicht, die Kleinen wirksam zu behandeln und Rückfälle zu vermeiden. Die Krankenhauskuren, die die am schlimmsten Betroffenen machen müssen, sind sehr hart und manchmal erfolglos.

»Wenn die Behandlungen wiederholt eingesetzt werden, können sie die Nieren schädigen«, erklärt Dr. Yves Manuel, der im Umweltministerium mit dieser Aufgabe betraut ist. »Außerdem erleiden die Kranken, wenn sie aus dem Krankenhaus in ihre ungesunde Umgebung zurückkehren, häufig einen Rückfall. Auch wenn ihre Wohnung inzwischen saniert wurde, sind sie der Bleibelastung zum Beispiel weiterhin im Treppenhaus oder bei Nachbarn ausgesetzt. Es gibt Kinder, die schon fünfzehn Entgiftungskuren hinter sich haben!«

Die Folgebehandlung der Kranken, die noch mehrere Jahre überwacht werden müssen, ist ungenügend. In Paris sind die Krankenhausteams überlastet, und da es kein nationales Register gibt, werden diejenigen, die wegziehen, nicht mehr kontrolluntersucht. Da die Krankheit keine äußeren Zeichen mit sich bringt, versäumen es viele Eltern, ihre Kinder zum Arzt zu bringen, und sind oft taub gegenüber den Ratschlägen, die ihnen Ärzte oder Sozialarbeiter zur Vorsorge geben (Iso-

lieren der gefährlichen Oberflächen, häufiges Reinigen von Händen und Nägeln, Kinder besser beaufsichtigen). »Die Informations-bemühungen sind oft vergebens«, *unterstreicht Yves Manuel.* »Die Mehrzahl der Kinder sind Afrikaner, und in ihren Herkunftsländern ist der direkte Kontakt zur Umgebung ein Zeichen von Aufgeweckt-sein, die gefördert werden muss.« *Auch bei der internationalen Or-ganisation Acceuil Santé ist man ziemlich ernüchtert:* »Man spürt bei den Eltern einen gewissen Fatalismus, sie haben das Gefühl, nichts tun zu können, um die Krankheit zu bekämpfen. Und wenn ihre Kin-der krank sind, fragen sie lieber den Guru als den Arzt.«*

Ideal wäre es, alle gefährlichen Wohnungen zu renovieren. Vom Fi-nanziellen her gesehen wäre das gar kein schlechter Vorschlag. Denn jede Entgiftungskur kostet immerhin das schöne Sümmchen von 8 540 Euro.

Aber die Aufgabe ist nicht einfach. Man muss die riskanten Gebäu-de herausfinden und Spezialarbeiten durchführen. Um die besten Re-novierungsmethoden herauszufinden, haben im vergangenen Jahr zwei Vereinigungen (Migrations Santé und Ärzte ohne Grenzen) ein Forschungsprogramm in fünfzig Wohnungen gestartet, in denen die am schlimmsten betroffenen Kinder wohnten. Bei dieser Gelegenheit konnten sie sich davon überzeugen, dass der Kampf gegen die Blei-krankheit ein Weg voller Tücken ist.

Ein Hindernislauf

Um die betroffenen Wohnungen ausfindig zu machen, muss dort zu-erst eine Bleimessung vorgenommen werden. Diese Analyse ist sehr aufwendig, erfordert teure Apparate und kann nur von spezialisier-ten Labors durchgeführt werden. Zum gegenwärtigen Zeitpunkt ist das Labor des Gesundheitsamtes von Paris total überlastet.

Für die Renovierung selbst ist dann einfaches Abschleifen oder Ab-kratzen verboten, weil sich dabei Bleipartikel in der Luft verteilen. Das Material muss auf chemischen Weg mit einem Spezialprodukt (»Peel Away«) entfernt werden. Eine langwierige und schwierige Ar-

beit, bei der die Arbeiter besonders intensiv geschützt werden müssen. Und während der Arbeiten, die einige Wochen dauern können, müssen die Bewohner woanders untergebracht werden. Die von dem Pilotprojekt betroffenen Familien wurden im Acceuil Santé aufgenommen. Aber die Unterbringungsmöglichkeiten sind sehr beschränkt. »Die Stadt schlägt Unterkünfte vor, die vierzig Kilometer außerhalb liegen«, bedauert der Arzt. Wenn der Vater zum Beispiel bei der Müllabfuhr arbeitet und um fünf Uhr morgens im Zentrum von Paris sein muss, ist man schon in der Sackgasse. »Außerdem erhalten die Familien oft eine Ablehnung von den Ämtern, die Sozialwohnungen vergeben«, erklärt Vincent Nedelec, der Direktor der Migration Santé: »Die Wohnungen vom Typ F4 oder F5 sind für sie unerreichbar, weil die Mieten für sie zu hoch sind. Und wenn mehrere Kinder da sind, reicht eine kleinere Wohnung nicht aus.«

Wer muss für die Renovierung aufkommen?

In den Vereinigten Staaten, wo 500 000 Erkrankungen registriert sind und Jahr für Jahr 45 000 neue Fälle hinzukommen, gilt die Bleikrankheit als eines der vorrangigen Probleme in der Gesundheitsvorsorge für Kinder. Die Bekämpfung der Krankheit wird dort sehr liberal gehandhabt. Die Eigentümer der ungesunden Wohnungen müssen selbst für die Renovierungskosten aufkommen. Nach Meinung von Yves Manuel, dem Beauftragten des französischen Gesundheitsministeriums, ist das keine gute Regelung, denn oft sehen sich die Eigentümer dadurch veranlasst, den Mietern zu kündigen und das Haus weiterzuverkaufen.

Und so wird das Problem der Wohnungssuche noch gravierender. Ähnlich äußert sich auch Philippe Delaroa, der Direktor des PACTE, einem Ausschuss zur Koordinierung der Gelder für die Renovierungsarbeiten: »Man kann einen Eigentümer nicht für einen Anstrich verantwortlich machen, der womöglich gemacht wurde, lange bevor er die Wohnung erworben hat. Und außerdem müsste dann eine sehr

*strenge Kontrolle durchgeführt werden, um sicherzustellen, dass die
Arbeiten ordnungsgemäß durchgeführt werden. Hinzu kommt, dass
von manchen Wohnungen, die wir untersucht haben, der Eigentümer
gar nicht auszumachen war. In dem Wohngebiet Goutte d´Or zum
Beispiel ist es gang und gäbe, dass sich kleine Gangster als Eigentümer ausgeben, die Miete in bar kassieren und verschwinden, sobald
ein Problem auftaucht. Der einzig gangbare Weg ist daher die Woh-
nungsbeschaffung mit staatlicher Finanzhilfe.«*

Eine Hoffnung auf lange Sicht

*Dass das Pilotprojekt erfolgreich durchgeführt werden konnte, wurde
durch die finanzielle Hilfe zahlreicher öffentlicher und privater Or-
ganismen, insbesondere durch den Bürgermeister der Stadt Paris und
durch die ANAH (Nationale Stelle zur Verbesserung der Wohnver-
hältnisse) ermöglicht. Aber die Renovierung einer Wohnung kostet
mindestens 7 620 Euro. Und diese Art Zusammenarbeit ist nur bei
einer begrenzten Anzahl von Programmen möglich. Die öffentlichen
Einrichtungen, die lange Zeit nachlässig waren, sind jetzt bereit, die
Aufgabe zu übernehmen. Das Gesundheitsministerium will in
großem Umfang Erhebungen über die Krankheit machen. Da man
nicht genau weiß, wie man vorgehen soll, wird man doch nicht etwa
alle gefährdeten Kinder einer sehr kostspieligen Untersuchung unter-
ziehen? Wie soll man jene erkennen, die der Krankheit tatsächlich
ausgesetzt sind? Müssen etwa alle Wohnungen in allen alten Stadt-
vierteln von Frankreich untersucht werden, um dort Blei zu finden?
Es wurde eine Arbeitsgruppe gebildet, um die wirksamsten Methoden
festzustellen. Die Ergebnisse dieser Arbeit werden erst in ein paar Mo-
naten zur Verfügung stehen. Parallel hierzu hat das Wohnungsmi-
nisterium beschlossen, dass die Menschen, die der Bleikrankheit ausgesetzt sind, im Rahmen des Besson-Gesetzes bevorzugt berücksichtigt werden. Deutlich gesprochen, müsste man ihnen Wohnungen an-
bieten, die ihrer Situation angepasst sind, und zwar insbesondere hinsichtlich Miethöhe und sozialer Betreuung.*

Aber das Gesetz vom 31. Mai 1990 (veröffentlicht am 2. Juni) wur-
de in Projekten auf Departementebene umgesetzt, die erst im Juni
1991 beginnen konnten.
Bis dahin werden die Fälle als Einzelfälle behandelt, und die Krank-
heit fordert weiterhin ihre Opfer. Trotz der Warnschreie der Medizi-
ner haben die Behörden mehrere Jahre benötigt, um sich der Schwe-
re der Lage bewusst zu werden. Bleibt nur zu hoffen, dass der Schritt
von den guten Absichten hin zum konkreten Handeln schneller voll-
zogen wird.[15]

Lokalisieren

Reihe 1

Übung 1 *(Seite 81)*

1. Metall – 2. Duft – 3. Mahlzeit – 4. glänzen – 5. Möbel –
6. Angst – 7. Schriftverkehr – 8. Geräusch – 9. Waffe – 10. Unbilden der Witterung

Übung 2 *(Seite 82)*

1. Gedicht – 2. Veröffentlichung – 3. Musik – 4. Weg – 5. Wohnung – 6. Freude – 7. Weggehen – 8. Gefühl – 9. denken –
10. ansehen.

Reihe 2

Übung 1 *(Seite 83)*

1. reizbar – 2. behände – 3. leichtfertig – 4. wunderschön –
5. beschuldigen – 6. sarkastisch – 7. erhöhen – 8. aufkratzen –
9. Sonderbarkeit – 10. einzig und allein

Übung 2 *(Seite 84)*

1. Wahrhaftigkeit – 2. abklären – 3. Einsamkeit – 4. Vertrag
– 5. Kontroverse – 6. entbinden – 7. komprimiert – 8. unwider-
ruflich – 9. durcheinander bringen – 10. komplett.

Reihe 3 *(Seite 84)*

1. Informierende Zeitungen, Zeitungen im Dienst einer Ideologie, unabhängige Zeitungen, 2. der Abstand, 3. keine Entscheidung treffen, Gleichgültigkeit, Schweigen, Lügen durch Unterdrücken (drei Antworten reichen aus), 4. Viele Quellen nutzen, Nachrichten wiederholen und überprüfen, mehrere Versionen veröffentlichen, die Möglichkeitsform benutzen, vervollständigen, möglichst große Zahl von Nachrichten über Ereignisse, korrigieren, abwarten, bis das Ereignis abgeschlossen ist, 5. Angsthasen, Zauderer, 6. Falschmeldung, falsche Einschätzung.

Baustein 3

Vertieftes Lesen

Trainingsaufgaben *(Seite 101)*

Text 1

1. Hauptgedanke: erster Satz.

2. Die anderen Sätze erläutern den Hauptgedanken durch Beispiele, die mit »so war es« eingeleitet werden.

Text 2

1. Hauptgedanke: erster Satz.

2. Die anderen Sätze führen den Hauptgedanken weiter aus, indem sie die unterschiedlichen Arten von Eingriffen beschreiben.

Text 3

1. Hauptgedanke: erster Satz.

2. Der zweite Satz untermauert den Hauptgedanken und erklärt ihn; die anderen Sätze erläutern durch Beispiele, die durch »so«, »wie« eingeführt werden.

Notizen machen

Übung 1 (Seite 124)

1) Notiz: die ergänzenden Gedanken des 1. Abschnittes geben die Gründe für die mit dem Hauptgedanken (erster Satz) gemachte Behauptung an: Der Ernst der Lage. Die ergänzenden Gedanken des zweiten Abschnittes führen den Hauptgedanken aus: Der Pakt zwischen Mensch und Natur ist gebrochen.

2a) gegliedertes Notieren:

1. Eine schlimme Lage

1.1 Allgegenwärtigkeit der industriellen Gesellschaft

+

1.2 Nie gekannte Bevölkerungsexplosion

+

1.3 Beschleunigte Entwicklung menschlicher Phänomene

+

1.4 Unüberwindliche wirtschaftliche Probleme (z.B.: Unterernährung)

+

1.5 Verschwendung der Ressourcen

1.5.1 Energieressourcen

1.5.2 Nahrungsressourcen

↓

1.6 Überleben des Menschen und der Gesellschaft in Gefahr

+

1.7 Die Technik: ein Wundermittel nach Auffassung des Menschen

1.7.1 Blindes Vertrauen

1.7.2 Lösung aller Probleme

↓↓↓

2. Der Mensch und die Natur: Pakt gebrochen

2.1 Überholte Regeln

2.1 Macht, in der Lage, sich von der Natur zu befreien

Um ein Gliederungsschema aufzustellen, schreiben Sie die Titel und Untertitel nach der auf Seite 116 angegebenen Anordnung.

b) Zusammenfassung

Die gegenwärtige Lage ist ernster als je zuvor. Tatsächlich hat die Industriegesellschaft den ganzen Planeten erobert, die Bevölkerungsexplosion ist groß wie nie zuvor, die Entwicklung der menschlichen Erscheinungsformen beschleunigt sich ungebremst. Der Mensch stößt an unüberwindliche wirtschaftliche Probleme, wie etwa die Unterernährung. Außerdem verschwendet er Energie- und Nahrungsressourcen und gefährdet dadurch das Fortbestehen seiner Kultur. Er pflegt ein blindes Vertrauen in die Technik, die seiner Meinung nach in der Lage ist, alle Probleme zu lösen. Er glaubt, in der Lage zu sein, sich von der Natur zu befreien, und hat daher den Pakt, der ihn mit ihr verbunden hat, gebrochen.

Schlüsselwort-Tabelle

Da der erste Abschnitt ziemlich lang ist, ist es schwierig, diese Tabelle auf der Breite einer Seite zu erstellen. Nehmen Sie besser die Seite im Querformat, wie wir es auf der folgenden Seite auch gemacht haben.

c) Mind-Map

Siehe Abbildung auf Seite 142.

Übung 2 (Seite 126)
Die Titel und Untertitel dieses Buches bilden den Ausgangspunkt für die verschiedenen Notiertechniken. Vergleiche Mind-Map auf Seite 143 zum Thema »Notizen machen«.

§ 1

Schlüsselwörter 1	Schlüsselwörter 2	Schlüsselwörter 3	Schlüsselwörter 4	Schlüsselwörter 5
heute Lage schwer wie nie zuvor	Industriegesellschaft Herrschaft über gesamte Erde	Bevölkerungs-explosion	Entwicklung Phänomene immer schneller	unüberwindliche wirtschaftliche Probleme

Schlüsselwörter 6	Schlüsselwörter 7	Schlüsselwörter 8	Schlüsselwörter 9	Schlüsselwörter 10
verwendet erneuerbare und nichterneuerbare Ressourcen	blindes Vertrauen in Technik	Untergang Gesellschaft	Ausrotten Rasse	Technikkult = löst alle Probleme

§ 2

Schlüsselwörter 1	Schlüsselwörter 2	Schlüsselwörter 3	Schlüsselwörter 4
Recht, Brücken abzubrechen	überholte Gesetze	Pakt gebrochen	Mensch kann sich aus der Natur lösen

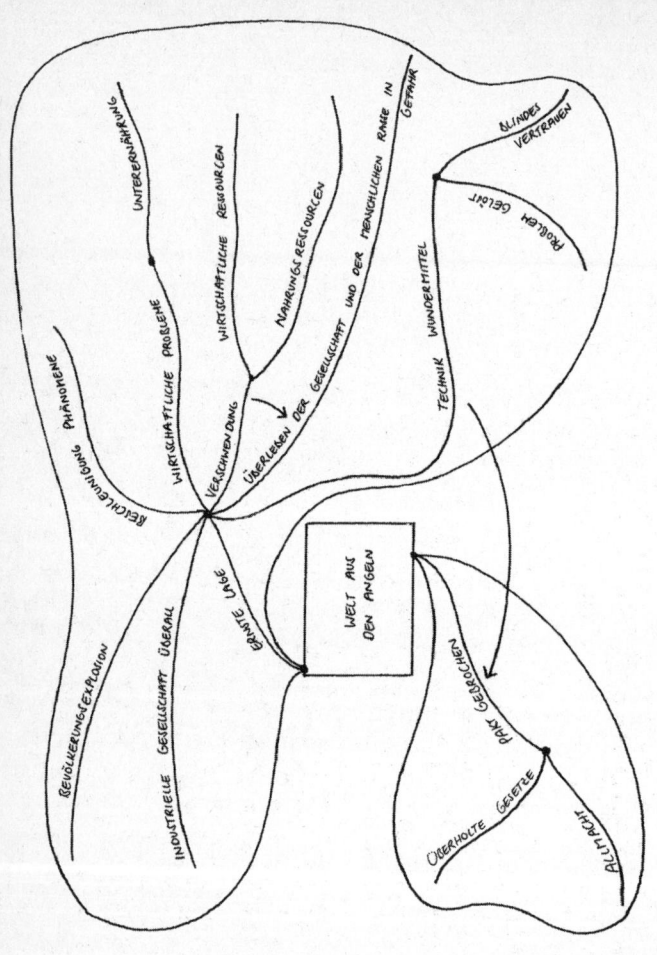

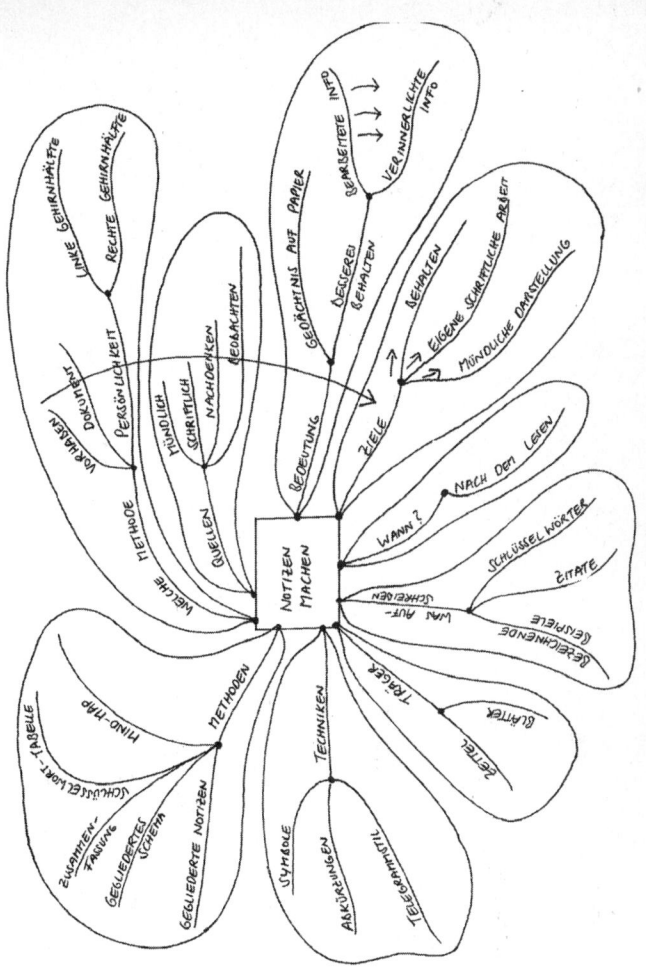

QUELLEN

1 Bruno Bettelheim, Survivre (Überleben), éd. Laffont, 1979
2 Anne Guérin, Le Monde, Oktober 1975
3 Alain, Propos sur l'éducation, (Gedanken über die Erziehung), P.U.F., 1978
4 Versuch entnommen aus T. Buzan, Une tête bien faite (Ein gut gemachter Kopf), éd. d'Organisation, 1981
5 Alain, op. cit.
6 Hugues de Jouvenel, Ca m'interesse (Das interessiert mich), Nr. 100, Juni 1989 (S. 80-81)
7 Fabienne Maleysson, Que Choisir? (Was soll ich wählen), Nr. 268, Januar 1991
8 Jaques Fauvet, »Difficultés de l'information« (Die Schwierigkeiten des Informierens), Le Monde, 27. Mai 1977
9 M. Tieche, La Vie et ses problèmes (Die Probleme des Lebens)
10 J. Rostand, Inquiétudes d'un biologiste (Befürchtungen eines Biologen), éd. Stock
11 J. de Rosnay, L'Expansion (Die Expansion), Nr. 202, 1982
12 V. Fay, Le Monde diplomatique, 26. September 1971
13 J. L. Servan-Schreiber, Le Pouvoir d'informer (Die Macht des Informierens), éd. Laffont, 1972
14 Jean Dorst, Avant que nature meure (Bevor die Natur stirbt), éd. Delachaux et Niestlé, 1971
15 Fabienne Maleysson, Que Choisir? (Was soll ich wählen?), Nr. 268, Januar 1991